一本超好笑又帶點腹黑的
法律攻防經典

你知道的太多了

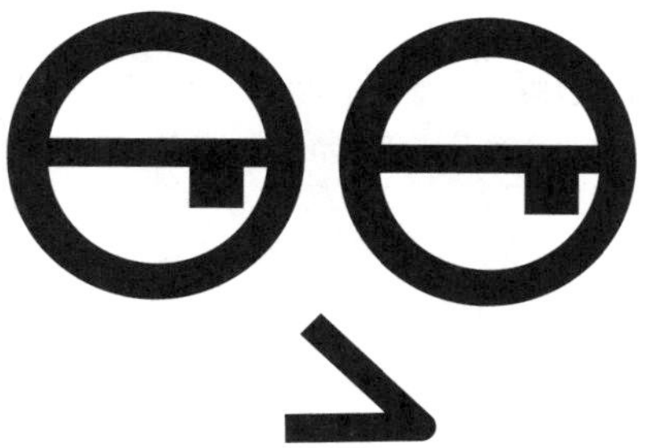

來自學生的五星推薦！

d02892337

苗星老師上課內容紮實，爭點清晰，
且樂於為學生解惑，學習上可收事
半功倍之效，真心推薦

geminichiao

很帥的冷面笑匠。可以把生活中的
實例與法條融合，課程生活化很棒

viiiiita_hsu

老師很帥，每次去上課我都很有動
力、有怦然的感覺

sushi_snoopy

老師很帥，賞心悅目，能在學習的
同時洗滌心靈，只有苗星老師

xiao_1997611

喵星老師好，我是中儒同學，上你的課
輕鬆有趣，有買你的解題書你附贈的書
籤很棒要繼續送喔

mengzih73

當年用老師的解題書讓我
轉學到台大

cinni.252

老師好帥（瘋狂迷妹）老師上課淺顯
易懂，認真專心聽的話很好吸收。

nihoniho1314

上課有趣

aimerrrre

一開始上課對民法濛濛懂懂，但每
天慢慢複習真的有理解老師說明的
考點和如何回答題目！

staring88888

講解有邏輯＆人也帥氣

yan_xin_huang

講解仔細上課不無聊，大學追蹤到現
在應該也7年了！感覺老師一直有好
多新的東西給大家

solar84710

帥 暖 課間閒談（小故事）很提神

xuan.87118

老師上課超仔細 但我好想看老師家
的貓貓哈哈哈

yen_qi_

帶同學看題目時，審題的邏輯非常清晰，
講解的方式也很容易讓人理解喔

colorful0404

上完課很有收穫 很用心的好老師

作者序一

貓奴律師／苗星
張亭宏律師
by 2021/10/21

「嗨大家好，我是苗星律師～」

經歷了將近一年半的準備期間，這本書終於完成了！身為一名律師，平常講話總是非常小心的，畢竟法律人總擅長用委婉到不行的語句來包裝一段意見……對比製作Youtube影片或寫作，這些創作的過程，則是往往能讓我感受到無比的自由，因為傳遞的對象是一般民眾，可以儘管放下文謅謅的用語，專注在知識的分享上；而這本書正是用這樣的方式，讓我得以在愉快的心情下完成，也因此書中總是不小心各種腹黑、小murmur直白穿插其中～

「既然要寫，那就寫本不一樣的吧！」市面上已經有好多本法普（法律知識普及）的書籍，但似乎都還還是離一般人太過遙遠，有別於循循善誘的教條式說明，我想寫一本**可以從法律制度看到人性，或從人性讓人更加理解法律的書**。

為什麼有這樣奇怪的規定？

為什麼有人這樣破壞規定？

為什麼有人鑽法律漏洞，卻不會怎麼樣？

是法律出了問題，還是人性出了問題呢？

通通都是我想要在這本書裡面透過故事或案例帶出來的。題材的蒐集上，有很大一部份著重在那些奇奇怪怪的法律漏洞，一方面介紹懂法律的內行人如何及為何大鑽漏洞，另一方面也希望教會善良老百姓如你跟我可以怎麼提防。

在書籍完成的這一刻實在太不真實，想感謝的太多了，從親人、愛人、朋友、各種合作夥伴、貓咪們到藍芽喇叭都令我滿懷感激；特別感謝趨勢出版集團發掘了我，並且給了我很多專業的建議及方向，又保留了許多空間給我自由創作，尤其是每次都願意與我選在深夜討論的出版社總監Selena，聽著您分享的意見跟故事總讓我覺得受益良多～

推薦序1——

「律師娘講悄悄話」粉絲團／律師之妻、作家、講師跟媽媽、娘子軍創業平台女頭目！ **林靜如**

大家猜猜第一名**一句話惹怒律師**的金句是什麼呢？～「可是，我看網路上說……」

每次我們家律師在法律諮詢時聽到民眾這樣說，都會白眼翻到天上去，特別是很多網路上說，甚至還是新聞上說，搞得很多民眾覺得自己可能被律師騙了，因為律師沒有記者專業？

「我要去警察局備案！」

「我要保留法律追訴權！」

「我要按鈴申告，請問鈴在哪裡？」

「請律師一定會勝訴吧！不然幹嘛請律師？」（那如果兩造都請律師，法官要判誰勝訴？誰付的律師費比較多嗎？）

「敗訴的話律師費會退給我嗎？」（慘了，全台灣有一半的律師要餓死了～）

常見的無厘頭問題每天都在律師事務所迴盪著，我個人其實是非常佩服律師們的抗壓性，除了案牘勞形，還要有超強的ＥＱ面對民眾們的五花八門精彩提問。

特別是很多人一句話：「法律都保護壞人！」就否定所有司法人員的努力與辛勞。其實，法律不是保護壞人，而是許多大家眼中的壞人，**懂得利用法律制度，來幫自己獲得最大的利益**，遇到這種人，我們就必須比他們更懂遊戲規則，魔高一尺道高一丈的，以群眾之力，來封住他們想鑽的每個洞。

這次很榮幸為貓奴律師的新書來撰寫推薦序，對於律師願意寫書來教育民眾我都是十分尊重的，因為寫作的稿費實在微薄，他們願意犧牲自己的黃金時間來奉獻社會，提供知識的傳遞，避免更多人受害，讓我們也好好坐下閱讀他們在辦案中珍貴的經驗分享，**讓那些鑽洞的壞人，無路可逃**。

推薦序2—

政衡法律事務所主持律師兼所長　**陳憲政律師**

喵星律師是與我合作多年的律師，不論是實習律師時期、受雇律師時期，到現在一起成為合作律師，他在法律事務的服務上，一項向非常盡責與專業，是值得肯定與託付的律師。

特別是這幾年，他花費很多心力在法普方面，用比較輕鬆的話題，以文字或影像來推廣法律常識，讓越來越多人了解法律，進而知道如何保護自己，這是非常令人欽佩的事。

而這本書的問世，更是把這幾年推廣法普的精華，濃縮在一本書裡，讓大家可以透過更輕鬆的方式，來閱讀法律知識。

由衷推薦給各位讀者，**江湖在走，喵星要有~**

推薦序3——

法律白話文運動社群總監、保成補習班老師 **劉珞亦**

喵星律師是我在補習班的前輩，他邀請我來寫序，我是不敢拒絕，尤其身為對貓過敏的人，我是不敢跟他貓一起拍影片的，只好用文字來防禦一下。

法律白話文運動做「法普」至今也持續了7年，如果能讓越多人了解法律的知識，我們堅信是可以讓社會變得更好的，所以如果有越多人跳入這樣的場域，是非常令人振奮的事。

尤其本書中提到非常非常多的法律議題，可以讓你用比較輕鬆的態度來理解法律的知識，相比法律白話文比較白爛的性格，本書更為細緻的寫法，拿起來讀完，肯定會有很大的收穫。

例如本書中提到「聽說借錢不還也不會怎麼樣？」就清楚的寫到欠償不還不是犯罪，除非你有詐欺的意圖，這種講解就可以讓一般民眾理解「欠錢」在法律上的意義，可能跟你想像的不一樣！

總之，這是一本有意義的書，當台灣有越來越多法律人嘗試這樣把自己的專業分享給一般大眾，無疑是一件非常開心的事。

推薦序4 我也有個法普的夢想

「喵律師小欣」劉棕欣律師

法律是一種社會生活的規範，其實我們從出生前一直到死亡後都受到它的約制。但對一般人而言，法律卻像隻高冷的貓，看起來特立獨行、難以親近，也常有出人意表的行為；然而，若是你能花一點時間去接近它、理解它，或許你就會發現它的可愛之處，不再排斥它。這也是很多法律界的朋友投入法律白話文運動的原因，因為淺白直述的文字，才能讓一般民眾願意去接近並思考在冷峻的法律條文內所可能蘊藏的一絲人性溫暖。而本書的文體，正是用一般人都可以直觀理解的生動文字，輔以實例說明，擺脫艱澀難懂的法律條文、學說理論，將法律常識適切的傳達出來。本書內容中所提到的法律常識，也都是與日常生活習習相關，具有高度的實用性，相信一定可以引起讀者的共鳴。

增進法律常識的目的，並不是為了規避、脫免法律責任，而是為了即時應付社會生活上所產生的各項風險，因為在紛爭事故發生時，你當下的反應、判斷或行動，往往會決定事情是圓滿解決，或是變本加厲、不可收拾，除非你有一個隨身的律師好友，而他也確實能為了你的利益提出良善建議，否則，平時就積極培養正確的法律常識、觀念，才是將來紛爭事故發生時的最佳保障。若你想充實自己的法律常識，相信本書一定可以給你很大的幫助。

我也有個法普的夢想。但法律人的生活實況常常是：考上國考前，拼性命去讀書；考上國考後，為生存而掙扎。所以我打從心底敬佩那些為了普及法律常識，以各種形式（出書、演講、拍影片）貢獻心力的同道們，而苗星律師正是做到了我一直想做，卻總有藉口推拖不做的事。為此，除了向苗星律師致上誠摯的祝福，也借此勉勵自己向法普的夢想前進。

目錄 CONTENTS

VOL.1 連我家喵皇都答得出來的法律基本常識！

VOL.2 好人必看，惡人比你更懂這些合法的漏洞！

你知道的太多了

人生好難

VOL.3 網購、租屋、感情都能充滿算計啊?!

Vol. 1

連我家喵皇都答得出來的法律基本常識！

1 報案、備案差在哪？真的有「備案」這種東西嗎？

二〇二〇年曾有個很令人遺憾的新聞，長榮大學有位外籍學生因遭到襲擊而不幸喪生的消息。其中比較有爭議的地方是，在案發的前一個月，也有一位同校的陳姓女學生，在相似的時間、地點，有類似的遭遇，當時歹徒也嘗試要綁走她，但並沒有得逞，陳同學在當下除了撥打110之外，隔天也有到台南市的大潭派出所報案，但是根據報導，警方卻認為這可能只是惡作劇，而**未開立報案三聯單**，以**「備案」**處理。也因為這樣消極的作為，間接導致了這起憾事。

究竟**「備案」**到底是什麼？跟**「報案」**有什麼差別？有警察說根本沒有備案，備案就等於吃案是真的嗎？

❶ 報案、備案差多了！

首先要強調的是，**「備案」並不是一個標準的法律制度**（法律上也沒這樣的用語），俗稱的備案，就是警察把你口述的內容，**寫在工作紀錄簿上，基本上沒什麼效果**，就跟陳情或意見單很類似。

至於「報案」，則會走比較嚴謹的流程，完成報案後會拿到一張**「報案三聯單」**，上面會有報案人姓名、報案時間、還有案件類型（像是竊盜或是搶劫這類的），除了這些資訊，三聯單右上角還有一個**e化案號**，這個案號可以讓你去內政部警政署的網站查詢案件現在是由哪個單位在處理。所以報案之後，警察內部的電子系統，一定會為這個案件開立案號，有開立案號，就代表檢警應該把這案件辦個結果出來！

不過因為這起「有拿到三聯單有保庇、沒拿到三聯單誰理你」的風波，導致警政署開始檢討，在二〇二一年三月啟動改革，將現有的**刑案三聯單**、**失車四聯單**、**其他案類聯單**等，全部統一用**「受理案件證明單」**來處理，達到簡化辦案流程、避免民眾混淆的目的，所以將來不論是報案或備案，通通都是拿到「受理案件證明單」，所以到底是報案還是備案，就要看當事人到底有沒有要提出告訴的意思來區分囉。

❷ 辦案態度也有差？

那備案和報案還有什麼差別呢？在開頭案件中的簡介應該可以隱約發現到，「報案」或「備案」，似乎會對於警察的偵查行動，產生非常大的影響！報案好像會讓警察比較積極去偵辦，備案就感覺只是消極冷處理？

最主要的原因在於，因為經過報案的案件，既然已經在系統內立案了，之後有沒有破案，會影響警察機關的績效跟考績，因為各地的警察機關及地方政府，都很在意刑事的**破獲率（破案率）**，這些數字也會變成當地治安和城市滿意度評比的依據。除了破獲率之外，不少單位在警察內部的考核，還會很看重刑案的**「發生率」（犯罪率）**，如果警局接到太多「報案」的話，那這個數字（犯罪率）就會提高，也代表轄區很常產生犯罪，數字就變得不好看；但如果是用備案來處理，既然沒有成案，就不影響發生率跟破案率，也就比較不會影響到警察機關的考核了。

過去甚至有聽過某些警局，是用非常奇怪的考核方式，譬如刑案發生在你的轄區，轄區的警察機關的分數，就先扣個幾分，如果有破案，再把分數加回來！某層度來說，這確實會促使警察更積極偵辦案件，但如果做得太過度，恐怕也會讓警察的負擔跟壓力過大，甚至因此取巧降低報案的量，也產生了吃案的誘因。

所以說，這下你知道為何有些警察會不喜歡人民來報案了吧？有時候還會勸退被害人，因此如果你很確定要對某人提出刑事告訴的話，請務必要向警察堅定表示要做的是「報案」＋「提出刑事告訴」喔！

2 刑事、民事，別再傻傻分不清！

Part 1

★刑事vs.民事　差別可大了！

(1)告輸了，刑事會被判刑，民事則會賠錢。

(2)**刑事**：詐欺、傷害、妨害性自主、偽造文書、誣告、侵占、背信、妨害公務等「犯罪」行為。

民事：違約、欠錢不還、勞資爭議、產權糾紛、消費糾紛、合約糾紛……跟「錢」有關的爭執。

(3)同時告民事和刑事？當然可以！輸了被判刑還要賠錢。

(4)刑事判刑後會留下前科，拿不到良民證；民事敗訴不會留下前科。

(5)刑事要在「地檢署」或「警察局」提告；民事向「法院」提告。

(6)提告刑事比較難，告輸有可能還要負「誣告罪」的刑事責任。

(7)提告刑事不用錢；告民事要先繳訴訟費給法院。

「我要告你！」電視上很常看到許多名人會用這樣的方式來警告人，彷彿對人提告以後，就一定告得贏一樣！換個場景來到法律事務所，類似的訴求律師也聽過很多次：

客戶：「喵律師，我要對某個小壞壞提告！」（模擬情境）

我：「請問你是要告刑事還是民事呢？」

客戶：「那個我不懂啦！提告就提告，有差嗎？」

之前就遇過不少人都有相同疑問：告「刑事」和「民事」到底有什麼不一樣？這問題其實非常重要，因為這除了是法律案件最基本的分類外，還會影響到**提告時要走的流程**，以及預先該做的準備，如果一開始就搞錯了方向、擬錯作戰策略，可是很容易打輸官司的喔。

「刑事」是什麼？

刑事案件，顧名思義就是因為違反「刑法」所產生的案件，通常就是一些**可惡到需要被關起來懲罰的案子！**除了可能有個別的受害人外，通常構成的傷害對整個社會和國家的利益或安全都有影響，譬如殺人、傷害、性犯罪後導致的社會恐慌，所以原則上刑事犯的行為會由國家來介入偵辦。

違反刑法，就是所謂的「犯罪」，構成犯罪的行為百百種，從大家都知道的殺人罪、竊盜罪，到少數人曾聽過的偽證罪、誣告罪，再到法律系學生考試才會稍微瞄一眼、冷門到不行的「侮辱宗教建築物或紀念場所罪、妨害祭禮罪」（刑法第246條），除非是想不開要當律師或法官，否則實在沒必要浪費時間一一去看這些法條。

那如何知道眼前這個可惡的人是不是「犯罪」了呢？什麼情況可以對他提告「刑事」？可不可以把

他抓去關呢？告訴大家一個除了花錢、花時間諮詢律師以外的簡單小方法，你只要把這個可惡的人做的**「行為」**，加上**「刑責」**的關鍵字，丟上估狗，大神自然會告訴你答案囉！

舉例來說，今天隔壁阿明跟你借Switch始終都不還，害你無法登入動森去賺錢，搞得房貸都快繳不出來了！最可惡的是，聽說他竟然還想把你的Switch便宜轉賣給別人，讓你真是火大到不行，想知道該怎麼警告阿明？

教你一招非常簡單的方式，你只要把阿明的**「行為」（借東西不還）、空一格、加上「刑責」2字**，丟上估狗，也就是**「借東西不還　刑責」**，然後google！

估狗大神會告訴你，有人在討論**「侵占罪」**的問題，於是你就可以知道「ㄟ~阿明好像犯了侵占罪耶！」、「我可以警告阿明，再不還就要報警告他侵占囉！」正常來說，阿明聽到這樣的警告就會嚇得立刻把Switch還你了！是不是很簡單？連找律師都不用！

但是，這樣的方式只能初步判斷有沒有可能構成「犯罪」、拿來警告對方或嚇嚇人都沒什麼問題，真的要提告時還是要問一下律師，因為刑法上有一條**「誣告罪」**，算是重罪（刑度是**七年以下有期徒刑**），如果提告了卻告不成，被檢察官認為是亂告，自己反而可能要面臨誣告罪的風險喔！

「民事」是什麼？

民事案件，則是指**「私人間的權利義務關係」**所產生的爭執案件、是日常生活中最常見的；譬如今天到超商買一瓶可樂，顧客跟超商之間便成立了民法上的**「契約」**，如果因此起了爭執（譬如店家少找錢、顧客喝下去拉肚子），這便屬於民事的案件；或者今天阿明跟小美借錢，也是成立民法上的「消費借貸」契約，同樣是屬於民事。再用更直白的說明：只要是跟對方請求**「金錢」或「有經濟價值的東西」**，原則上都是民事案件。

民事案件因為屬於「私人的關係」，不會是政府想要介入的事情，所以遇到民事爭議案件時，要抱持的心態就是**「自己的權利要自己爭取」**！譬如網路買東西但賣家卻收錢不出貨、欠錢的人遲遲不還錢，這時法律的作用不是把這些人送去坐牢，而是讓債權人（沒拿到貨的買家、借別人錢的債權人）享有**「請求權」**，可以對另一方**「請求履行契約」**。

那如果對方就是皮皮不理你勒？這時就會動用到傳說中的**「債務不履行」**的相關規定，譬如跟你借錢的債務人超過了還錢的期限，會有**「給付遲延」**的問題，身為債權人依法就可以請求**「遲延利息」**及相關的**「損害賠償」**。也因為**「自己的權利要自己爭取」**，國家比較不會介入，身為債權人會更加需要了解自身權益、懂得自己蒐證及舉證，不能指望法院或國家來主動幫你囉。

同時是民事也是刑事？

看完民、刑事的基本說明後，應該不少人會想到：「那會不會有一些爭議同時是民事又是刑事案件呢？」

「當然有～這問題真是問得太好了！」

簡單舉個例子，剛講到刑事案件就是被告很可惡犯罪了，民事案件通常跟請求金錢有關，所以譬如小美被阿明開車撞傷了，這時小美除了可以提告**「過失傷害罪」**的告訴（刑事）來制裁阿明外，當然也可以針對受傷發生的損害，例如醫藥費、慰撫金等，來向阿明**請求侵權行為的損害賠償**（民事）。這時候在司法流程中，必須透過兩個程序，**要同時跑地檢署（刑事提告）跟法院（民事求償）**。

但這樣不就同一時間要跑2個地方開庭，好像有點麻煩對吧？所以一般比較常見的做法會是↓**先提告刑事**，如果成功讓檢察官**起訴被告**後，再提出**「附帶民事訴訟」**，這樣的好處是，除了不用同一時間跑2個程序外，最重要的就是**「不用繳錢！」**（不用繳給法院**「訴訟費」**）。

如果是直接提告**民事**，即使沒有花錢請律師，還是要先付大概**1％左右的「訴訟費」**（也有稱為「裁判費」）給法院，譬如請求對方賠償100萬，就要先付1萬多元給法院，要勝訴後才可以向對方要求負擔這筆「訴訟費」。

但提告刑事是不用錢的，而且在檢察官「起訴」被告後，被害人再提出「附帶民事求償」時，這時便不需繳1％的訴訟費！這也是為什麼一般只要有跟刑事沾到一點邊的案子，被害人大多都會想要先提告刑事的原因！

3 刑事、民事，別再傻傻分不清！

Part 2

現在你們都對民事、刑事有基本了解了，接著要講講民、刑事的差異，以及後續提告或主張權利上，到底有哪些關鍵的影響？

❶ 提告的流程不一樣

在講解提告的相關流程前，先幫大家說明一個小小用語上的差異：所謂的「**提告**」，是比較通俗的說法，說的精確一點，民事案件中的原告做出的行為叫「**起訴**」；刑事案件的被害人提出的叫「**告訴**」；刑事案件中的承辦檢察官如果認定被告構成犯罪則會做出「**起訴**」。

「為什麼一下叫告訴、一下叫起訴，搞得我好混亂啊！」

別急，先大概看一下下一頁我幫大家簡單整理的圖表：

刑事案件中，被害人（告訴權人）要向**地檢署或警察局**提出提出「**告訴**」，提出刑事告訴後，案件最終會進到**地檢署**由**檢察官**來偵辦，如果檢察官認為被告的行為確實構成犯罪，會「**起訴**」被告、檢察官會做出「**起訴書**」，並把相關資料送給**地方法院**審理，如果法院也認為被告有罪，才會做出「**有罪判決**」。

如果**檢察官**認為被告行為不構成犯罪，則會做出「**不起訴**」處分，案件就不會進到**地方法院**；這時如果被害人不服氣，可以提出**「再議」**，案件會轉送到**高等檢察署**，再做一次確認。

偵查中還有一種特別的結局叫做**「緩起訴」**，新聞上應該常聽見這個詞，就是被告有犯罪（**輕罪**），但不是太嚴重的情形、或者已經得到被害人的原諒，這時**檢察官**會做出**「緩起訴處分」**，對被告來說通常也算是一個可以鬆口氣的結果。

緩起訴講白話一點，就是有點類似留校察看的概念，只要在檢察官要求的期間內乖乖完成檢察官的要求：有可能是寫悔過書、向國庫支付一定金額、做公益服務滿一定時數等，之後就沒事了，也不會留下前科。

至於**民事**案件的流程則相對單純，不需要經過**地檢署或警察局**，原告只需寫好**「起訴狀」**遞交給法院，完成**「起訴」**的動作，接著法院便會受理案件、安排開庭。

多知道這些流程，以後跟人家聊天時，就會顯得自己還蠻懂法律的喔～

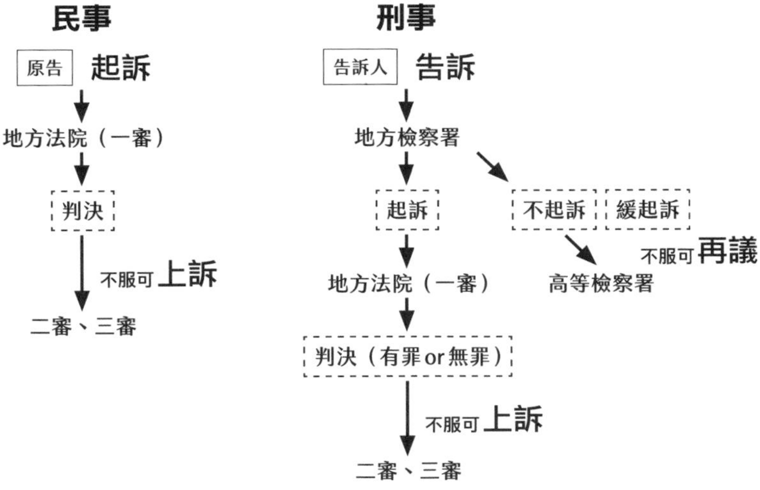

❷提告難易度的差別

在上一篇文章中，我們講過刑事案件會由國家介入調查、偵辦，也說明了提出「**刑事告訴**」時，告訴人不用負擔任何費用；相較於民事案件需要自己寫起訴狀（**自己蒐證舉證**）、預繳「**訴訟費**」來說，是不是好處多多啊？

當然有一好就沒兩好，雖然提告刑事的成本比較低，但因為刑事犯罪對於「**被告**」的影響很大，法律也要避免被告被冤枉而遭受國家的處罰，除了前面提到亂告刑事會有「**誣告罪**」的問題外（**民事告輸則沒有誣告的問題**），要告成刑事的門檻，相對來說也是比較高的。

舉例來說，過去通姦罪還存在時（現已被大法官宣告違憲、失效，無法告刑事，只能民事求償），如果要針對出軌的配偶及小三提告通姦罪，必須證明到「性器接合」，也就是陰莖跟陰道的結合，通常要抓姦在床，只憑曖昧鹹濕簡訊往往告不成，過去很多案子中原配都已經破門而入了，直接拍到二個光溜溜躺在床上的人，但因為沒有拍到精彩的「犯罪一瞬間」（陰莖跟陰道的結合）或者搜到沾染體液的保險套、衛生紙等關鍵證據，最終偷情的兩方依然獲判無罪，甚至很多情形中，上門抓姦的原配反而會吃上侵入住居、妨害祕密的官司，就可以知道提告刑事雖然不用錢，但可沒想像中的容易！

但如果告民事「因為婚外情導致的損害賠償」，提告上就相對容易許多，即便只是曖昧鹹濕簡訊、出遊牽手照片、同住一室、床上聊天沒脫衣服等，原配要提告「**侵害配偶權**」的民事賠償大部分都可以告得成，只是賠償拿多拿少的問題而已。

除此之外，為了保障被告不會遭到冤判，刑法中還有**「罪刑法定主義」**、**「無罪推定」**、**「罪疑唯輕原則」**的要求，大意就是：要用刑事責任處罰人民，一定要是立法院通過的「法律」（法律沒規定，就不能用刑事處罰），如果檢察官或法官覺得是否構成犯罪無法得出確信時（還存有合理的懷疑時），應該要採取對被告比較有利的認定。也就是說，刑法的規定當初在設計時，**比起縱放犯罪者，其實會更害怕冤枉無辜的人！**所以才說提告刑事的門檻其實是比較高的。

❸ 提告後要不要去開庭？

前面說到提出**刑事**告訴後，會由「檢察官」介入偵辦調查，你**（原告）**跟對方**（被告）**會先被檢察官**傳去問案**，只要檢察官調查過後認定被告確實構成犯罪，會對被告提起**公訴**（起訴對方），案件便會進入法院審理。

進入法院後，檢察官就相當於民事案件中**「原告」**的角色，必須要舉證向法官說明為何被告（犯罪嫌疑人）構成犯罪，這時原本提出「告訴」的「被害人」（你），其實就不太需要擔心案件，**甚至沒去開庭都沒什麼關係**（除非法院傳喚被害人出庭作證），檢察官會幫你整理好相關證據，上法院幫你討公道。

至於**民事**案件就不太一樣了，你（原告）必須要**自行**或**委任律師**來寫「起訴狀」，後續一、二審的開庭原則上也都要到，**否則可能因為沒出庭而直接被「一造辯論判決」敗訴**；如果打贏了官司，譬如法院判被告必須賠償你100萬，但被告依然不理你、不付錢，這時你（原告）還要再跑**「強制執行」**的程序，去扣押被告的財產來變現償還你。所以說，相較之下提告民事確實是比較費力一些。

☎ 猫奴律師開外掛

1 提告刑事，檢察官傳去「問案」，是在哪問？

在「地檢署的偵查庭」，並不是法院、也不是警察局，收到通知時可要看清楚，不要傻傻跑錯了！

2 提告刑事，是到誰的居住地做筆錄？

身為告訴人如果想提出刑事告訴，可以就近找附近的警局、派出所來報案（一定要完成告訴筆錄＋拿到受處理案件證明單），之後案件會被移轉到地檢署去（至少會再開一次庭），通常會是由「被告的住所地」或「犯罪地」（行為地或結果地）的地檢署來偵辦。

3 民、刑事開庭，如必須出庭，是到原告還是被告的所在地？

一般來說，會是以被告的所在地法院來審理，但民事還有很多特別的管轄權規定，譬如涉及契約履行的問題上，「履行地」的法院也會有管轄權；涉及不動產的爭議，會是不動產所在地有「專屬管轄權」；民事管轄權如果有數個，那就是原告自己可以選擇去哪裡來提告，但如果遇到不動產這種「專屬管轄權」的規定，既然法律稱做專屬，那就是只能選這個地方來提告喔。

刑事的話，則是如同前面所講，被告住所地跟犯罪地（行為地、結果地）的法院都會有管轄權，舉例來說，阿明住台北要告小美（住台中）詐欺，即便在自家附近警局報案完成（做了警詢筆錄），但案件一般會被移送到被告住所地「臺中地檢署」來開庭，但如果阿明希望在台北開庭，那要怎麼做呢？

那就必需在提告時說明清楚：台北也是「犯罪地」，而犯罪地又分成「行為地」跟「結果地」，如果阿明有說明清楚，被騙錢時是在台北的ATM匯款給小美（譬如附上匯款的紀錄佐證），那台北就會變成犯罪的「結果地」，這時候就有機會在臺北地檢署開庭囉～如果想要更加確保，最好一開始就直接用告訴狀在臺北地檢署提告，並且把這個「犯罪地」在書狀中交待清楚，比較可以避免案件再被移轉出去。實務上，主要就是哪個有管轄權的法院先收到案件，就會直接先處理，不然會被人罵說像在踢皮球一樣。

4 好想告壞人喔！但又不想跑法院，有什麼其他方法嗎？

★當然有！還不只一種方法，最好用的有3種：
(1) 行政檢舉
(2) 不用上法院就可以主張的權利
(3) 利用法律上的恐怖平衡

租屋家具壞了，房東擺爛不理；鄰居根本是惡魔，老是霸佔騎樓、亂停車，還放狗咬人；上網買個東西也被騙……人生真的是好難，到處都會遇到壞人！生活中許多瑣碎小事，都可以讓人煩惱上數天甚至數年，明明知道對方是錯的、自己的權益受損，卻不知道該如何回擊，給壞人一個教訓？

上法院？「很花時間也很花錢啊！」、「有必要嗎？」、「難道沒有其他省時省力又有效率的方式嗎？」

方法很多，就看你會不會使用囉～

其實關於法院外解決問題的途徑有非常多種，甚至多到法律也不見得有規範，以下就介紹3種比較常見的方式：

❶行政檢舉

許多法律問題都會有相關的主管機關，可以在接獲檢舉時主動介入調查，通常國家在設置這些主管機關時，都會為他們配備一些**「武器」**，可以對付壞人，對不遵守規定的人直接開罰，甚至直接用**強制的方式**來制裁犯法的人，譬如違建可以直接拆除！

舉例來說，如果隔壁整天party night，該睡覺的時候在那邊乒乒乓乓，雖然可以透過向法院提告主張自己的**「居住安寧權」**受到侵害來求償，但是等到官司打完說不定對方都已經搬走了！而且，不是說了不想動不動就上法院嘛～最有效率的方式就是直接向行政機關檢舉！最常見的檢舉單位是**警察局及環保局**。（警局撥110或地方政府的便民專線，譬如台北的1999電話，都能協助處理）

警察局負責「人」或「動物」發出不具持續性的噪音，其他比較嚴重的噪音歸**地方環保局**管，如果確認屬實（地方政府內部通常是要求接獲檢舉後6～14日內必須回覆民眾），政府就可以對鄰居做出開罰，罰金6千元以下，如果屢勸不聽可以連續開罰。

這樣的檢舉途徑，其實也發生在日常交易上面，最常見的就是網路購物（通訊交易）或街坊上發生的強迫推銷（訪問買賣，譬如健身房、美容產品等），很多人遇到這類情形向業者表明想要**「解約、退錢」**被打槍後，都只是摸摸鼻子算了，但事實上消保法中有許多保護消費者的手段（這部分的詳細內容，我們在後面章節會介紹），還設有網路的申訴、調解管道，讓民眾有更快速的解決途徑。

❷不用上法院就可以主張的法律權利

並不是所有法律權利都得要上法院才能主張，這裡用租屋契約舉二個比較常用到的例子。

(1) **同時履行抗辯權**

以租屋為例，房客最怕遇到漏水或重要設備故障，房東卻擺爛不處理的情形，這類糾紛也最多。依照**民法**及**租賃專法**的規定，房東應該要提供**「合於所約定使用收益」**（白話：不可以有故障）的租賃物交付房客，這是房客之所以需要按月給付房租給房東的理由，**房東也因此必須要負擔修繕的義務**；譬如今天租屋處漏水了，通知房東來修卻遲遲沒結果，房客最直接的制裁方式就是**拒付租金**，這就屬於一種房客所可以主張的**「同時履行抗辯權」**。「同時履行抗辯權」在許多的日常交易中都運用得到，基本上就是所謂一手交錢一手交貨的概念，後面的一些相關問題我們會再提到。

(2) **留置權**

同樣以租屋為例，換到房東的立場，最怕遇到的是欠租或人間蒸發的房客，這時法律上保障房東的方式，除了可以透過將押租金抵償來保障自己之外，還可以對房客沒帶走、仍舊放在租屋處的東西實行**「留置權」**，如果房客遲遲不付清租金或賠償金，房東還可以從這些留置物中取償（白話：賣掉或收歸己有）。

❸法律上的恐怖平衡

對方獅子大開口，就請用「同樣方式」加倍奉還吧～以車禍案件為例，當兩車相撞、沒有受傷單純只有車損時，多數的情形是各自有一些過失跟損失，在這樣的狀況中，如果遇到其中一方獅子大開口要求鉅額的修車費、代步費時，與其被動等著挨打，如果轉守為攻，同樣請修車廠估價列出合理的求償金、代步費，往往會讓對方銳氣減緩不少，更有機會談成和解。

在實務上，很多民眾會覺得只要提告，似乎就一定告得贏，請求100萬就一定要得到100萬（一副好像以為法院是他家開的一樣），但現實往往沒有這麼美好，這時身為被求償的一方，如果能夠了解自身可以主張的權利，適時做出反擊，多半會有不一樣的結果。

譬如對方跟你請求修車費、代步費，5年的車子沒扣折舊就算了、請求的代步費還用計程車單趟500元的高額數字來計算，小小一個汽車的擦傷就跟你請求10萬元！想要避免對方無止盡的獅子大開口的話，就儘管用一樣的方式計算你的損失來跟他請求吧！

以上所說這幾種不用上法院的解決問題方式，是一般日常生活中比較常遇到、也比較好理解的情形，還有很多例子可以舉例，但礙於篇幅限制就先打住，最後來小結一下，遇到問題卻不想上法院時可以思考的方向，或許下次遇到問題時你也可以從中想到法律上的自救方式喔！

Step 1：有無檢舉管道？檢舉有沒有可能讓對方被罰？

Step 2：有沒有什麼法律權利可以主張？拿出來嚇嚇對方讓對方收斂點也可以～
Step 3：對方有沒有什麼法律上的弱點，讓我可以主動反擊制衡對方？

☎猫奴律師開外掛

1

這篇教的方法，跟下一篇的〈聲請調解〉最大不同在哪裡？

這篇所提到的方法，比較適用在不想浪費時間與對方談判的時候，如果還有得談，能夠透過調解的方式，兩人好好交換一下意見，看看是否可以化解彼此誤會，可能會是更圓滿的解決方式。

2

「行政檢舉」還有哪些單位在受理？

檢舉虐待動物↓**地方動物保護處**
檢舉黑心食品、食安問題↓**衛生福利部（1919專線）**
檢舉惡意哄抬價錢（譬如囤積口罩）↓**公平交易委員會**

檢舉逃漏稅→**要看是中央還是地方負責的**

常見的所得稅、營業稅是中央負責，所以檢舉房東逃漏所得稅、店家漏開發票要向**財政部國稅局**檢舉；但如果是地價稅、契稅、娛樂稅等，則要向各地方的**稅捐稽徵處**來檢舉，真的打錯電話也不用擔心，服務人員都會告訴你正確的檢舉管道。

檢舉違建→**地方的建管處或違章建築拆除大隊**

5 被人告上法院會留下前科嗎？

記得在幾年前房思琪事件爆發，前知名補教老師的性醜聞被各大新聞廣為報導，許多ptt的鄉民紛紛爆料哪個補教老師私下多淫亂，一夕間所有補教老師幾乎都跟「狼師」劃上等號。

剛好，身為一個主業是資深貓奴、正職是律師、副業是公職補習班講師的斜槓青年（就是我本人，雖然已年過30，青年的部分有點勉強……）也被牽連到，還記得那晚我收到了補習班課務的Line訊息：「老師，因為最近修法要求補教老師必須要實名制，可否在月底前提供我們**『良民證』**！」被懷疑的感覺不是很好，但自己還是乖乖地跑了一趟警察局，去申請人生第一張良民證。

❶ 良民證是什麼？

良民證的全名是**「警察刑事紀錄證明」**（但為了大家方便理解，下面還是用「良民證」來做代稱），是針對刑事的「有罪判決」所作成的紀錄證明，常常是要申請移民、找工作、申請國外學校時需要用到的文件，代表自己沒做過奸犯科。

一般沒犯罪過的人，上面也不會像國小的聯絡簿上貼滿了好寶寶貼紙，頂多就是記了一句**「在臺灣地區查無犯罪紀錄」**，需要的話可以跟警察局申請，要價160元。

❷做了什麼事才會有前科（犯罪紀錄）？

還記得上一篇講到刑事案件，如果是在地檢署階段就解決了，可能是**「不起訴」**或**「緩起訴」**這2種結果；由於這類案件根本沒進入法院，被告不會受到「有罪判決」，所以即便曾經觸犯刑法、承認犯罪向檢察官求情換到了「緩起訴」，只要沒有被檢察官**「起訴」到法院**，都還是可以拿得到良民證喔！

舉例來說，現在的社會氛圍對於酒駕的犯人雖說是零容忍，但實務上其實不少酒駕的初犯（沒有造成死傷）如果有在第一時間認罪，是可以透過捐錢給國庫來換到「緩起訴」的，依然可以申請得到良民證。

除此之外，如果被告被檢察官起訴，讓案件進到法院審理，也未必拿不到良民證，譬如有些人即便被起訴，但可能犯罪的情形不是太嚴重，法官有可能在評估過後做出「有期徒刑，得易科罰金×××元」、「有期徒刑，緩刑×年」的判決，

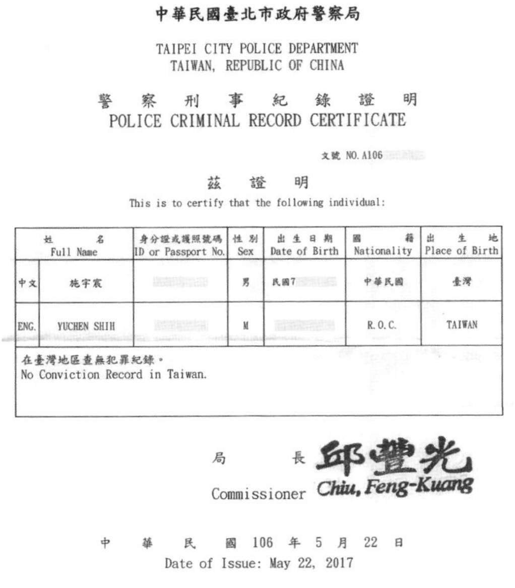

中華民國臺北市政府警察局

TAIPEI CITY POLICE DEPARTMENT
TAIWAN, REPUBLIC OF CHINA

警察刑事紀錄證明
POLICE CRIMINAL RECORD CERTIFICATE

文號 NO. A106

茲證明
This is to certify that the following individual:

	姓名 Full Name	身分證或護照號碼 ID or Passport No.	性別 Sex	出生日期 Date of Birth	國籍 Nationality	出生地 Place of Birth
中文	施宇宸		男	民國7	中華民國	臺灣
ENG.	YUCHEN SHIH		M		R.O.C.	TAIWAN

在臺灣地區查無犯罪紀錄。
No Conviction Record in Taiwan.

局長 邱豐光
Commissioner Chiu, Feng-Kuang

中華民國106年5月22日
Date of Issue: May 22, 2017

◎大概就是長這樣！這張真的就是我幾年前所申請的良民證，證明前面的故事沒有唬爛你吧～

雖然都被判刑了，可是收到**「得易科罰金」**、**「緩刑」**這2種判決的人，其實都不一定會留下前科，還是有可能申請到良民證。

因為依據「警察刑事紀錄證明核發條例」的規定，「易科罰金」後，**只要5年內沒有再犯**；「緩刑」則是**只要沒有被撤銷**，當時被判刑的刑事案件紀錄，還是不會被記入裡面，依然可以領到良民證。

總結來說，如果不幸犯了小罪成為刑案的被告，擔心將來求職、移民受影響領不到良民證的人，**最佳的志願順序**會是：

看到這裡是不是開始覺得拿到良民證的人，似乎也未必這麼「優良」了呢？所以說，良民證其實也僅供參考，有沒有犯罪過，跟良民證上的犯罪紀錄是有落差的。雖說律師我剛好也有良民證，但說不定其實是……

「ㄟ不是，我真的什麼都沒做！」

	要跑的地方	**其他負擔**	**領得到良民證？**
第一志願：**不起訴**	地檢署	無	○
第二志願：**無罪判決**	地檢署＋法院	無	○
第三志願：**緩起訴**	地檢署	捐錢給國庫或公益服務	○
第四志願：**緩刑**	地檢署＋法院	捐錢給國庫或公益服務	無撤銷就能領到
第五志願：**易科罰金**	地檢署＋法院	罰金（被判1天換算罰金是1千、2千或3千元；被判一個月如果要易科罰金會是1萬~3萬元）	5年內沒有再犯才領得到

6 喵的～有錢人有律師團，我卻一個都請不起?!

Part 1

★**律師費到底都怎麼收？為什麼要先付啊？**

(1) 律師費有按審級、按小時二種收費方式。

(2) 按小時收費的，好處是做到哪收到哪，但通常總價算下來比較貴一些。

(3) 收費時間點分成：**事前收、結案收（後酬）**二種。

(4) 一般訴訟案件一審行情大約7～15萬，以時計費行情從每小時5千～1萬2千元都有。

記得某一次的聚會中聊到了各自的職業，當大家知道我是律師、傳說中的「師字輩」行業時，不熟的國小同學A說道：「律師都賺很大吧？」A同學帶來的不熟路人朋友B補槍說到：「聽說律師都是吸血鬼耶！」我翻了一圈白眼，心理很想笑，如果律師真的這麼好賺，我哪有閒情逸致在這裡跟你們吃300元的壽喜燒吃到飽啊？

關於律師都怎麼收費？長期以來受到許多美劇和日劇的影響，讓一般人對律師業有很多不切實際的浪漫想像，這次就來說一下律師費究竟是怎麼一回事好了。

❶ 事前收vs.後酬

律師的收費方式最常見的二種是**「按小時」**和**「按審級」**計費，如果以收費時間點來分，又分成「事先」跟「事後」收費二種。其實如果有找過律師處理訴訟案件的人都知道，應該極大部分的律師事務所都是要求「事先」收費，很多人都會疑惑為什麼不是把官司打完或到一個段落再來收費？

最主要的原因在於律師的工作是無法**「包贏的」**，就像去看醫生，很難想像跟醫生要求一定要將病人治好才收費，是類似的道理；律師協助民眾打官司，也不可能百分百確認一定會得到當事人想要的結果。

甚至在**「律師倫理規範中」**，還要求律師不能夠向客戶擔保會獲得有利之結果，所以如果律師拍胸脯跟你保證說：「別怕，官司打贏了，再收錢～」這個律師可能根本收不到錢！還有可能被認定有違反律師倫理規範的疑慮，我想應該不太會有律師想要這麼做吧？

另外，我們都知道一份工作的「勞務付出」跟「報酬」是互相的，如果一方投入了工作卻沒有獲得約定的報酬，這時候身為勞動者，可以直接拒絕繼續工作；但**律師接受委任後，無法因為當事人不付款而直接拒絕提供服務喔！**因為律師在訴訟制度當中，具有一定的**公益性**，律師如果接受了委任，卻因為當事人沒按期給付律師費，直接拒絕提供服務（譬如說就不去開庭了），這是會有問題的！過去也確實看過有一些律師因為這樣而被移送懲戒的案例，所以為了避免類似不必要的紛爭跟風險，多數律師當然都傾向選擇事先收款。

「那實務上，有沒有『事後』（官司打完）才收款的律師呢？」

還是有的，一般做法還是會意思意思事先收一些費用，但會約定**勝訴金額一定比例**作為事後的報酬，譬如約定勝訴金額的20％作為律師費，勝訴金額是100萬的話，律師就可以拿20萬的報酬，這種收費方式我們統稱為「後酬」，通常律師選擇這樣報價的案件會有幾個特點：

(1) 當事人不想先付錢（廢話）、或者手頭真的很緊。

(2) 當事人請求金額很高。

(3) 律師評估有**很高勝算**的案件。

第(1)、(3)點對於願意用後酬方式報價的律師是很重要的思考，畢竟一開始律師所投入的時間及勞力是完全沒收到錢的，案子還可能打個3、5年，如果不幸敗訴了，可能一毛錢都拿不到，風險是相當高的。

至於一般後酬的比例會約定幾％呢？這沒有個標準答案，只能說從我執業經驗看到的，市場上從10％～50％的後酬都有看過喔。

❷ 按審級 or 按小時哪個好？

首先來講**「按審級計費」**，這應該是訴訟案件中比較常見的收費方式，就是當事人委任律師處理訴訟案件（白話：打官司），律師將案件服務至該審級的訴訟程序「終結」為止。

譬如說如果律師是第一審接受委任，那律師的服務就是到第一審的**「判決作出」**為止，所以到了第二審，就須要另外委任律師、另外計費；如果是刑事的偵查程序，就是到檢察官作出**「起訴」**或**「不起訴處分」**為止。這邊需要特別留意的是，以一般民事案件的官司為例，只要爭執的金額**超過150萬元**，任一方對於各階段的判決不服，原則上是可以一路上訴到**「最高法院」**的。

再來是**「以時計費」**，就是單純依照律師的工作時數計費，這種方式對於當事人來講，好處在於非常明確易懂，而且付款時間可以分期（通常是一個月結算一次）；譬如找律師打官司，服務項目可能包括：開會諮詢、寫書狀、法律問題檢索、閱卷等，如果約定以時計費，通常是按當月服務時數結算，相當於是分期付款。

缺點在於，時數的認知上很常會起爭執，譬如說今天律師針對一份民事求償的起訴狀來說，可能報4、5個小時，還是律師覺得花了很多時間，報12小時給當事人？別懷疑，身邊真的有認識的律師就曾經針對一份5頁的書狀這樣報價！

報出收費時數後，當事人卻覺得時間花太久了，但這又是誰說了算？如果雙方信任基礎不夠，每完成一份工作都要針對時數、價格上面討價還價，相信雙方心都會很累吧？

7 喵的～有錢人有律師團，我卻一個都請不起?!

Part 2

★為什麼律師費價差這麼大？能不能跟律師凹折扣啊？

(1) 律師費會因為當事人的目標、辦案的時間、律師的口碑等因素影響而不同。

(2) 喵奴律師我都是按審級計費，自認為價格還算合理。

(3) 套交情、找人一起提告（團購的概念）、設法節省律師時間，都是幾種比較常見跟律師凹折扣的方式。

❶ 律師費怎麼決定的，為什麼價差可以這麼大？

一般民眾找律師時，很常會有的困擾就是，如果一開始沒有跟律師詳細地討論過，直接詢問價格：「ㄟ～律師不好意思，我這裡有個車禍案件，請問要打官司的話律師費大概多少？」通常律師都會回你：「這要看案件的複雜度而定。」好像不敢回答這個問題似的，但其實這是因為即使是同樣類型的案子，還是會有很多因素導致辦案方向落差很大。

譬如有個看似簡單的的車禍案件，被告因為「過失傷害罪」的刑事案件來找律師尋求協助，被告單純希望認罪，請律師協助洽談和解事宜，尋求**「從輕量刑」**的機會；又或者被告認為自己沒有任何過失，是被害人自己不遵守交通規則，希望律師協助調查有利的證據、支持自己的法律見解，爭取**「無罪」**。

前者屬於一般人理解的**認罪協商**[1]，通常開個1～2次庭就結案了；後者則是**無罪答辯**，開個4～6次庭都很常見，對律師來說，在處理上是更加費時的，自然也會反應在報價上。所以說，律師在報價前通常都會先提前確認當事人想要的是什麼？還要評估過案件勝訴機會、對造主張內容等，才比較有辦法抓出自己辦案的時間，進而做出相應的報價。

另外一個決定價格的因素則是很現實的考量，就是**律師的口碑**！畢竟一個律師同時間有辦法承接下來的案件是有限的（一般律師如果單獨辦案，即便再怎麼厲害，通常接50～100件案子就是極限了），許多人爭相委託的「大律師」開出來的價格高出行情許多，也是很正常的。

畢竟我想應該不會有人認為同一個案子，交由A、B、C、D四個不同的律師，最後都得出相同的結果吧？所以說，如果有個口碑跟風評都不錯的律師在那邊，即使律師費貴了些，許多人還是願意去委託他。

❷ 貓奴律師自己怎麼收費？

我所在的事務所（政衡法律事務所），收費方式是按審級收費，比較常見的民、刑事案件收費大概就跟前面所提到的差不多（一審8萬元起跳），諮詢費則是半小時3千元。

讀者看到這邊可能開始覺得：「這個律師也太那個了吧～花錢買你書竟然趁機給我報價！」Errrr，實在是因為過去太多網友私訊問這個問題、問價錢，所以我想與其每次都回罐頭簡訊，不如直接講清楚一點，希望大家都不會需要找我幫忙（最好都不用上法院）！

❸ 怎麼跟律師凹折扣？

假如真的不幸需要找律師，可以跟律師殺價嗎？這裡舉幾個我觀察到有些當事人會使用的招數，不見得有用，但有些倒可以一試～

(1) 跟律師套交情

由於很多人找律師是透過朋友介紹，所以律師跟當事人之間有一些共同認識的朋友是還滿常見的。但老實說，由於一般人都是遇到不好的事情才來找律師，要在嚴肅的會議氣氛中套交情、用交朋友的口吻來跟律師討論案情，實在是很不容易！在我執業的這6、7年來，雖然偶爾有人會想要跟我閒聊一下、套個交情，但有不少次都變成尬聊收場就是了……

倒是曾是有客戶在談完正事後，要跟我聊聊貓咪的事情（通常是因為不小心看到我的手機照片而開啟的話題），有幾次我因為聊得起勁，一個不小心直接原價折5千元，客戶離開後再跟所長交代：「不好意思，剛剛一時興起給客戶打折了……」恩～以後桌面還是放自己大頭照好了！

(2) 節省律師時間

如果要說比較可以讓律師折價的方式，我認為最直接的就是讓律師感受到承辦你的案子可以很有效率！畢竟對於律師來說，靠得是**「專業知識」**跟**「時間」**來賺錢，如果客戶自己有一定的「相關產業知識」願意幫律師節省一些「時間」，通常會讓律師更有意願降價。

舉例來說，過去我們事務所承辦了許多工程案件，工程案件的特色就是資料超級多，光是一本契約書就好幾百頁，厚到可以砸死人的地步，整個案件的卷宗資料常常是1、2個紙箱這樣。面對這樣的案件，當事人通常有2種：

(A)一問三不知型，完全狀況外的當事人。

律師：「為什麼這個契約變更的條款這麼不合理，你們還要簽？」

客戶A：「對方機關這麼說，我們也無法拒絕，只能硬著頭皮簽啊」

律師：「……」

(B)問什麼答什麼型，資料還整理好excel的客戶。

律師：「為什麼這個契約變更的條款這麼不合理，你們還要簽？」

客戶B：「因為當時一開始承辦人跟我們說blabla……後來內部開會評估可行，才決定走變更契約的程序」、「關於契約履約過程的時間表、各自的會議紀錄、契約變更的相關問題，**我們有整理了excel在第N個資料夾中。**」

很顯然的，面對前者不在狀況內的客戶，律師一定要花費比較多的時間來處理案件，所投入的時間自然就會反應在報價上；所以說，如果想要律師降價，最好的方法就是**自己也要做些功課**，讓律師感受到這個案件不用花太多時間在整理散亂的資料上，可以把心力聚焦在「法律爭執」上，不會讓案件辦到**「開花」**，這種時候通常律師都會心甘情願降價的。

(3) 拉其他人一起提告（呼朋引伴來團購）

找律師也可以團購？這樣的說法實在不是很好，感覺「打官司」好像是什麼商品一樣……但老實說，確實是有滿多律師吃「團購」這一套的！

舉例來說，今天隔壁有個惡鄰居，整天深夜製造噪音、垃圾堆到樓梯公共空間也不清理，搞得你真的忍無可忍要對他提告、給他點顏色瞧瞧，這時自己找律師提告也許會被收一筆大概8萬元上下的律師費，如果找其他同大樓的鄰居一起告，通常加一個人可能只是加個2、3萬，也就是說，自己提告律師收8萬、2人一起告，律師收10萬（平均1人5萬）、3人提告，律師可能只收12萬（平均1人4萬）……

在這種團體訴訟中，律師通常會願意這樣降價，是什麼原因呢？「難道律師也喜歡搞團購來促銷嗎？」當然不是！主要是因為如果2人以上、針對**「同件事情」**一起提告，法院只會成立**「一個案子」**，律師只需要開一次庭就好了，不用分開處理、在不同時間為了個別當事人去開庭，這樣一起提告的方式，會大幅減低律師的時間和花費，所以通常律師都非常樂意用這樣的方式來降價給客戶囉～

猫奴律師開外掛

1
所謂團購的「同件事情」，假設提告對象都是「某家網路電商平台」、提告事由各有不同，這樣算「一個案子」嗎？

這種情形律師就不會算做同件案子囉，一般大多會是以事實來認定，通常會有相似的案情、時間地點也在同個範圍，譬如預售屋買家集體告建商、同一個賣場賣出同一件劣質商品……才會認定為一件案子、給予這種類似團購的優惠。

2
有打折的客戶，和沒打折的客戶，律師會有差別做法嗎？

我是不會啦，其他的我不好說……

欸好啦，其實偷偷跟大家說，律師想偷懶最簡單的方法就是把案子都丟給小律師處理了。譬如你覺得A律師電視形象良好，看起來很可以信賴，巴著找他幫你打官司，但太貴了所以一直想要砍價，A律師勉強答應了，你還得留意會不會最後都丟給同事務所的新進小律師B來辦案喔。

事務所的律師們平常有分工是正常的，但如果之後開會開庭都變成B律師來出面時，那這就是所謂差別的做法了。如果會擔心，最好一開始就問清楚A律師是否是主責律師、是否有協辦的律師、又是哪位喔。

3 聘請知名律師，在法院會有加分嗎？

這要看所謂「知名律師」，是好的名聲還是不好的名聲。一般民眾眼中有名的大律師跟法院風評良好的律師往往是兩回事，其實不少知名律師或名嘴律師在法律圈的風評反而不是這麼的正面，之前還看過某知名律師網路發文卻引來自稱是法官的人來留言打臉說：「大律師見解還真特別！」當然該留言的網友是否真的是法官也無從驗證就是了。

只能說，這件事沒有一定，比較重要的還是看該律師辦案的認真程度，這就只能靠自己做些功課在開會時多問問律師來判斷了。

1 這裡所提到的認罪協商，比較是一般人容易理解的描述方式，跟刑事訴訟法上的認罪協商程序不太一樣喔。

8 沒錢沒關係，免費律師、免費法律資源攏底家！

怎麼辦？看完上一篇的律師收費，就算凹到打折，還是錢不夠啊！而且如果只是想問個小小的法律問題，諮詢費都幾千、幾萬在算的，有沒有省錢又有效率的好方法？找律師一定都要付錢嗎？

沒錯，無論律師費再怎麼便宜，都得要個幾千、幾萬，對於許多小金額的爭執或預算有限的民眾來說，找律師似乎不是很划算。那有免費的律師或法律諮詢可以利用嗎？當然有！但各單位提供的服務內容及品質不盡相同，這裡依照一般民眾遇到問題的嚴重程度區分**（從最輕微到最嚴重）**，幫大家整理一下各種資源，並分享一下我的經驗，跟大家聊聊各平台的差異。

❶ 簡單的法律問題：找網路資源

預防勝於治療的概念大家都懂，如果一邊吃飯都可以配個小短片來吸收法律知識，那豈不是更棒了！比如「貓奴律師-苗星」的Youtube頻道（毛遂自薦一下），或是「瑩真律師」、「法律白話文運動」等等，都會介紹或分析當紅的法律問題，或是生活中常見的法律糾紛處理，這些平台都是由法律系出身的專業人士所創立，都算是法律知識普及的社群媒體，致力於用通俗的方式來講解法律知識。

不過這些平台基本上分析對象都是以案例故事為主，有些人如果想更深入了解法院在類似案件中到底怎麼都怎麼判決，那就必須去找專門蒐集判決的網站，比方說**「法源」**、**「Lawsnote」**或是**「司法院法學資料檢索系統」**等網站，目前都有支援關鍵字檢索，大大減低了搜尋的時間，這些其實也是法律人常常使用的網站喔。

❷ 快要上法院的法律問題：免費的法律諮詢

在生活上發生的車禍小擦撞、欠錢不還、網路購物、離婚爭執，又或者是打個手遊的時候跟人吵架多罵了幾句也被揚言提告……似乎快要上法院了，這時候就需要強力一點的配方！

各縣市政府、地方法院、民意代表的服務處幾乎都有提供免費的法律諮詢服務，在固定的時段都有駐點的律師，**線上聊天**的諮詢也開始冒出不少（譬如我與事務所夥伴共同經營的**「法律不難EZ Law」**FB粉專）。如果已經有點想提告或者快要被告時，可以帶著你蒐集的證據、資料前往諮詢，讓值班的律師幫你分析案件，畢竟網路上的法律教學文章或影片多是「通案性」的分析，個別案件中的小小差異，都會導致整體法律性質不同。其中的差異及「眉角」，通常也只有專業的法律人士才能辨識，所以如果真的感覺胸口悶悶的、中氣不順想提告，在此之前，可以先利用各個免費法律諮詢途徑，看看是不是真的有提告的必要？

那FB上有很多免費的法律討論社團，可行嗎？其實FB社團最大的問題在於，這只是一個討論平台，社員人數常常上萬人甚至數十萬人，但其實全台灣的律師只有1~2萬人，裡面還包括許多已經實質退休但未登出的老前輩律師，或者根本不使用臉書的人。

所以說，有加入該社團的律師推測可能幾百人就不錯了！要消化掉這麼多人的法律問題還全部都免費，這在現實上是不可能的。也因此免費法律社團常見的是許多焦急的民眾在問問題，結果許多自認很懂法律、很有經驗的阿貓阿狗在下面留言亂回答……實在是不可不慎阿！

❸確定要進法院了，但沒錢請律師？

如果事情進展到了不可收拾的地步，已經確定要進法院了，這時候可能就不是諮詢這麼簡單了，基本上會建議大家找律師協助訴訟進行，畢竟法律是專業領域，不能隨便，但有些人可能家境真的困難，沒有錢請律師，該怎麼辦呢？為了解決這種因**貧富差距而造成的訴訟實力不均**的問題，司法院特別捐助成立**「財團法人法律扶助基金會」（法扶）**，通過一定資格的篩選（主要是審核家庭財產、收入）就可以獲得法律扶助，讓需要專業法律幫助而又無力負擔的人，可以獲得專業律師協助。

到底什麼樣的資格才可以申請法扶呢？大方向來說是要看**「每個月可處分收入」**跟**「可處分資產」**，以4人居住於台北的小家庭為例，每月收入在10萬964元以內、資產（不動產、存款、股票、汽機車）在80萬以內，可以獲得全額扶助。如果收入跟財產狀況跟這樣的數字相差不遠，建議可以直接打電話向法扶基金會的各地方分會詢問看看喔。

❹如果臨時有問題很急，24小時在線等的律師有嗎？

很多生活問題都是當下很急（譬如車禍現場），需要律師立馬透過電話給一個建議或大方向，問一下只需5分鐘內或一句話這種，有這種24小時線上一通電話、立刻解答，而且「免費」的服務嗎？

嗯～沒想到這年頭律師已經被期待提供ubereats還是110、119的服務了。雖然我可以理解這個需求存在，也確實被人問過是否提供這樣的服務，說說過去我曾經聽過一個最接近的服務好了，先前參加了一個演講，裡頭介紹了某個日本知名律師所提供的法律顧問服務，標榜收到問題「後」24小時「內」一定即時回覆！收費是採取訂閱制，需要按月支付顧問費，每個月收費是10萬到20萬日幣，雖說台灣的律師費收費普遍低於日本、歐美，但做的工作其實是一樣的。

聽完這種收費方式，你還期待24小時在線等的律師免類諮詢嗎？可以，除非這個律師剛好是你**很熟**的朋友，否則絕對不會是免費的就是囉。

9 想告人，不請律師可以嗎？自己有辦法寫訴狀嗎？

可以，一般民、刑事案件，不請律師都ok，但要注意如果是刑事「自訴」，則一定要請律師擔任自訴代理人，不然是完全沒辦法告的喔！～

想告人，一定要請律師嗎？這個問題其實要區分民事與刑事案件來看，因為立法者最初在設計民事與刑事程序時，對於兩種案件的想像不太一樣，立法者認為民事案件基本上是人民為了私人利益而提起訴訟，而刑事案件大多都具有公益考量，是由「檢察官」代表國家來追訴打擊犯罪，這樣的想像就會影響到後續的制度設計。

❶ 民事案件可以自己來，但有例外

在民事案件中，台灣的法律採取的是**「本人訴訟」**的制度，意思就是可以不用委託律師，自己就可以進行訴訟，之所以這樣設計，一則是因為民事訴訟是私人間的糾紛處理機制，維護私人利益的制度，要不要請律師由大家自己決定；二則是因為在早年律師相當稀有，相關法律扶助制度也還沒有制定，如果要求人民提起民事訴訟都要請律師，恐怕會讓很多人沒辦法負擔訴訟的成本，因此在制度設計上，民事案件都是可以由一般不具有律師身分的人自己進行訴訟的。

但這裡有個例外，就是如果要「上訴第三審」，也就是上訴到最高法院的話，就必須是律師才可以上訴，這是因為第三審是**「法律**

審」，基本上是要第二審判決適用法律有問題才能上訴，但第二審法院適用法律有沒有問題，一般沒有經過法律專業訓練的素人是很難判斷的。因此，為了整個訴訟可以流暢的進行，上訴到第三審的民事案件在法律有直接規定，一定要請律師才可以。

❷刑事案件看情況

在刑事案件中，大多的案件都涉及公益性，所以就由國家代替人民進行訴訟，而這個代替人民的人就是**「檢察官」**。

但檢察官也不是什麼案件都會起訴，還必須經過一定的調查，這就是偵查階段要做的事，但檢察官要怎麼樣才會開始調查呢？其中一個就是**被害人自己去地檢署進行「告訴」**，告訴基本上就是請求檢察官進行追訴的意思，可以有3種管道：**按鈴申告、警局報案完成筆錄，或是帶著告訴狀到地檢署服務台**說自己要提起告訴。

不管哪一種都是提起告訴，在提起告訴時，檢察官、檢察事務官或警察都會請被害人陳述一下受害的經過，這時候被害人可以自己陳述或是請律師在場協助，以便檢察官來決定是否要起訴。

雖然我們上面說過，刑事程序通常是檢察官負責起訴（代表國家追訴），但其實刑事訴訟還設計了另一套制度，叫做**「自訴」**，自訴就是由被害人**不透過檢察官，自己提起刑事訴訟的制度**，不過正因為自訴不用透過檢察官篩選就可以起訴，就有很多人把原本單純的民事糾紛，或根本不構成犯罪的小事，用刑事程序來提告，當然最後會**被判無罪**或程序上**免訴**或**不受理**。為了避免這種濫訴的怪現象，自訴制度採取**「強制律師代理」**的方式，也就是說自訴一定要請律師才可以提起，讓律師這樣專業的法律人員可以做第一層的把關。

總之，在民事案件中，除非要上訴到第三審，不然都是允許一般人自己出庭告人，至於刑事案件，告訴也是允許自己來做，但要注意如果是自訴則必須要請律師擔任自訴代理人，不然是沒辦法告的喔。

❸自己有辦法寫訴狀嗎？

可以喔，一般民眾最常見的做法就是用法院的例稿來填寫，目前司法院有公布各種常用書狀，對應不同案件類型的民事起訴狀、刑事告訴狀，在網路上都下載得到例稿，可以上司法院的網站，裡頭「便民服務」有一欄「書狀範例」，有各種類型的書狀可供下載，印出後按照上面的建議填寫上本案相關資訊就可以囉。

法院書狀參考範例

民事起訴狀（損害賠償）

案號：　　年度　　字第　　　號

承辦股別：

訴訟標的金額或價額：新臺幣○○○元

原告　○○○　　身分證明文件：

□國民身分證　□護照　□居留證　□工作證

□營利事業登記　　□其他：＿＿＿＿＿＿

證號：＿＿＿＿＿＿＿＿＿＿

性別：男／女／其他

生日：○○年○○月○○日

戶籍地：　　　　　　郵遞區號：

現住地：□同戶籍地

□其他：　　　　　　郵遞區號：

電話：

傳真：

電子郵件位址：

送達代收人：○○○

送達處所：　　　　　郵遞區號：

（註：若一行不敷記載而於次行連續記載時，應與身分證明文件齊頭記載）

被告　○○○　　身分證明文件：

□國民身分證　□護照　□居留證　□工作證

□營利事業登記　　□其他：＿＿＿＿＿＿

證號：＿＿＿＿＿＿＿＿＿＿

性別：男／女／其他

◎以常見的請求損害賠償的民事起訴狀為例，如果是不複雜的案件（譬如單純車禍、車損），法院的例稿其實也很夠用了～

10 調解到底能幹嘛？為什麼有些要錢、有些不用？

★**聲請調解能幹嘛？**

(1)節省官司流程時間，調解的結果跟別人花3、5年打官司的效力是一樣的。
(2)調解成立，民事不可以再起訴、刑事不能再提出告訴。
(3)調解經過法院「核定」後，跟法院判決效力一樣強，可以查封財產、強制執行。
(4)法院的調解要收錢、鄉鎮市公所的調解不用。
(5)法院的調解無故缺席會罰錢、鄉鎮市公所的調解不會罰錢。

在律師事務所常遇到客戶詢問的事情是屬於不嚴重的小爭議，我都會建議不如**聲請調解**看看，客戶常會滿臉問號：「調解能幹嘛？為什麼不直接上法院就好了？」

由於上法院打官司需要經過嚴謹的程序來做審理，會耗費相當多的時間，為了避免法官無法負荷、法院案件量爆表、民眾等的不耐煩（官司打上3、5年），法律另外設置了調解制度，希望可以透過中立的**「調解委員」**來協助雙方坐下來「討論」解決問題的方案。

既然是「討論」，所以對於調解第一個重要的認識是：**調解一定要「雙方都同意」才會成立！**沒有一方需要勉強接受，只要有一方不接受調解方案，或者根本沒意願調解，結論就會是「調解不成立」，即便調解委員再怎麼想當和事佬，也沒辦法強迫雙方接受調解方案。

也因此，實務上很常有人在調解庭中大小聲、吵得臉紅脖子粗，其實都是完全沒必要的！因為吵得再大聲，調解委員也無法下判決（只有案件進到法院時，法官才有辦法），有些好一點的調解委員或許會跳出來兩邊給你秀秀，懶一點的委員就微笑放空看著你們雙方吵架，結果雙方終究吵不出個所以然來，浪費彼此的時間。所以說，在調解階段如果不滿意對方所講的，或者你一看到對方就覺得噁心想吐（常見於失和的怨偶）、完全不想跟對方談調解，這時候就別再浪費力氣跟對方吵了，直接向調解委員表明自己**「沒有調解意願」**，簽個名，就可以離開囉。

❶ 調解有什麼厲害之處？

可厲害了！調解的結果依照法律的規定是**「與確定判決有同一之效力」**，意思就是形同法院最終做出的判決，跟別人花3、5年打官司努力獲得終局確定一樣的效力，雙方不能再反悔提告或上訴（除非有特殊的理由，譬如被詐欺等），如果對方不依照調解結果履行該盡的義務，這時還可以拿**「調解書」**去向法院聲請強制執行，譬如調解結果，對方承諾賠償你10萬元，結果對方不按約定付款，這時你可以直接拿調解書去查詢、扣押、變賣對方的財產。

❷聲請調解要付錢嗎？

相信這問題也是許多人在意的，畢竟遇到法律爭議時，會想到去聲請調解的人，通常都希望省點錢也省點時間。結論是：**有的要錢、有的不用錢**。

現行的調解最常見的是向兩個地方聲請：**法院或鄉鎮市公所**。向法院聲請調解，會依據民事訴訟法向聲請人收費，但費用不算高，爭執的金額小於10萬元不收費；10萬到100萬則只收1千元，比一般訴訟費還要低上許多；而鄉鎮市公所的調解則不收費。

❸收到調解通知，不去會不會怎麼樣？

法院的調解無故未到可以**罰3千元**；鄉鎮市公所的調解不到場沒有罰則（依照鄉鎮市調解條例的規定，調解會因此被視為不成立）。

「為什麼會有這樣的差異呢？」答案就在上一段的說明說，畢竟向法院聲請調解的人是有繳錢的嘛～法律當然會對於向法院付錢聲請調解的人給予多一些的保障。所以說，以後收到調解通知書，必須要看清楚出自哪裡，如果來自法院，建議還是乖乖去吧！

貓奴律師開外掛

1 法院調解的聲請，會比向鄉鎮市公所聲請困難嗎？

鄉鎮市公所聲請其實超簡便，我自己之前辦案的經驗曾經用電話詢問，安排一週內的時間做調解，連聲請狀都沒有；法院一般還是會用聲請狀的方式來聲請。

2 法院調解員都是法官擔任？

不是喔，法官平常處理的案件真的太多啦，不太會為了調解事件下來親自坐鎮（除非是官司打到一半雙方才要和解的案件）；一般會是由所謂「社會賢達人士」來擔任調解委員，通常會是專業人士如律師、會計師、地政士，或者退休公教人員等。

3 法院調解聲請要付錢，那有什麼優於鄉鎮市公所調解的地方嗎？

法院調解跟鄉鎮市公所調解（經法院核定）如果成立，效力基本上一樣，都可以形同法院的確定判決，在對方不履行調解約定時直接聲請強制執行。

兩者最大差別在於，法院調解的過程中，多了幾個手段可以運用，分別是：

⑴處罰規定

法院調解程序中，對方無故不到場時可以處罰，依法可以罰3千元；鄉鎮市公所調解未到，依法則是視為調解不成立，不會有罰則，所以一般來說法院調解比較正式一點，對方出席意願也比較高。

雖說如此，但還是要提醒一下，開罰的前提是「無正當理由」不到場，所以實務上對方常常給出一些很廢的理由（生病or工作行程衝突等）蒙混過去，法院通常就是排下次調解而已，開罰的比例並不高。

⑵保全程序

法院調解程序中，可以一併聲請假扣押或假處分等保全程序，避免調解或官司結束後，對方都脫產完了，這是鄉鎮市公所調解所做不到的喔。

4 如果一次調解不成，能再聲請嗎？

可以，但除非雙方私下洽談有了新的共識，否則重複聲請的意義比較低一點。

5 貓奴律師遇過最長和最短的調解，大概是多久？

最長的調解流程大概可以拖到半年以上甚至更久，大多是因為其中一方當事人可能長年待在國外，在台灣委請律師來調解，但授權又交待不清楚，才會這樣一直不斷開調解庭跟來回確認。

另外小提醒一下，有時候你的眼睛也得睜大點，必需瞭解對方為何請律師還一直拖？實務上刻意拖延開庭或調解可能還有其他原因，譬如想要拖過時效或告訴期間（6個月），或者單純因為對方律師想多收錢?!

後面文章有提到律師收費有「按審級計費」（俗稱包案）跟「以時計費」兩種，以時計費就是按時數，所以開一次調解庭都可以跟客戶收一次費用，派2個律師出馬還收2筆，多開庭就可以多收費阿……這下你可以理解為什麼有時候會有律師這麼善於拖時間了。Btw這是零星個案，也不是以時計費的律師都這樣，但總之我是遇到過幾次就是了，這時我大多會建議客戶表明不要繼續調解直接開庭就好，以免浪費時間。

11 這幾個法條你一定要知道，有事防身，沒事拿出來唬唬人也很厲害！

Part 1

❶違約都會構成的「債務不履行責任」

小美在二手網路交流社團中和網友購買了一件窄裙，沒想到匯款之後卻遲遲等不到賣家出貨，甚至還莫名被賣家封鎖，可以求償嗎？

民法對於違背契約最基礎的規定就是「**債務不履行責任**」，主要條文是**民法第226條、第227條及第231條**。依照這些條文的規定，只要是因為賣家的問題導致違約，不管是賣不存在的東西（比如別人的車）、遲遲不出貨（裝死），或是交出有瑕疵的貨（食品放到腐壞），就要負**債務不履行責任**。

依照債務不履行的規定，在15年內（就是這麼久！）買家都可以通知賣家選擇請求**損害賠償**（賠償市價），或是乾脆**解約**然後把貨退出去、錢還回來，不給賣家僥倖得逞。

❷超容易主張的「瑕疵擔保責任」

阿強聽說衛生所賣的保險套俗擱大碗，便前往購買數盒保險套，回到家才發現每一盒保險套中，總有幾個套子不是破洞就是張力鬆弛，氣得大罵：「要提高生育率也不能來陰的！我褲子都脫了你卻給來我這個！」但衛生所卻表示他們賣套子不做套子，廠商的問題不應該由他們負責！這是真的嗎？

除了債務不履行以外，民法還有一個**「瑕疵擔保」**的制度，法律要求賣家出的貨物要符合契約約定的品質（比如厚度是0.01公分），或是符合一般市場上同種商品該有的品質（比如避孕效果），只要賣家做不到這點，不管你是否情有可原、是否是你製造的，通通都要負瑕疵擔保的責任！

根據瑕疵擔保的規定，收到的商品只要有瑕疵，而買家又是事先無法知情的，就可以在5年之內主張**瑕疵擔保責任**，比如**減少價金**（民法第359條）進而要求退款，或是要求賣家另外給一批無瑕疵的貨（民法第365條），嚴重的瑕疵則可以**解約**（民法第359條）。

如果賣家明知道有瑕疵還故意不告知買家，或是特別保證品質，比如保證0.000000001公分的奈米級、薄到連肉眼都看不見的保險套（一聽就知道是商家在唬爛），那麼買家因此所受的損害也可以一併求償（民法第360條）。

另外要強調的是，所謂的瑕疵擔保責任是**無過失責任**（意思是不是你的過失也要負責），所以開頭衛生所宣稱是廠商製作上的問題，自己身為單純進貨的賣家沒有過失，這是不對的喔，**只要你販賣的商品有瑕疵就要負責！**

❸心裡難過就可以請求「精神慰撫金」嗎？

安安養的吉娃娃被鄰居弟弟騎車不慎撞到而死亡，傷心欲絕的安安茶不思飯不想，只希望寶貝能回來，聽取了朋友的建議，決定對鄰居弟弟求償寵物死亡的精神慰撫金10萬元，實際上有可能成立嗎？

民法的損害賠償有二種，一種是**「財產損害」**，例如寵物本身的市場價值；另一種是**「非財產損害」**，指的是受害人的精神痛苦。因為人的精神感受是無法用法律回復的，民法只希望被害人看到錢可以開心一點，於是規定精神痛苦也能夠換算成金錢賠償，這就是俗稱的**「精神慰撫金」**。（民法第195條）

可以想像的是，並不是所有的情況都可以請求精神慰撫金，否則只要對方稍微玻璃心就要荷包大失血，難免會造成社會大亂，因此民法的規定是，只有不法侵害別人的**「人格權」或「身分法益」**時，如生命、身體、健康、名譽、配偶權等，才可以請求精神慰撫金。

然而在法律上寵物只是飼主的**「動產」**、**「財產權」**（跟手機、衣服沒什麼區別），並不是一個**「人格權」**，所以過去多數法院見解認為無法針對寵物的過世向加害者請求慰撫金，但最近開始有法院考量寵物是**介於人和物之間的獨立生命體**，承認對於寵物的傷亡也可以由飼主請求精神慰撫金的例子，但是否會成為將來的主流見解，還有待觀察。

❹ 民事案件中最常見的「侵權行為」

小智某次用餐結束後因為餐廳地板濕滑，導致跌了個狗吃屎並遭到餐廳員工恥笑，離開之後立馬在餐廳粉專留下負評。回到家愈想愈氣、憤恨難消，又陸續創了許多分身帳號、留下各種不實指控，最後被老闆提告**侵害名譽權**，而小智也針對跌倒的傷害請求賠償。

民法對於人與人之間的接觸設有一道不能越過的界線，那條線就叫作「**侵權行為責任**」，一旦越線就要賠償。民法第184條規定，故意或過失造成別人權利的侵害，因此讓別人受有損失，就必須負擔損害賠償的責任。

也就是說，只要你有任何疏忽，侵害別人生命、身體、財產、名譽等權利，被害人為此支出醫療費、修理費，就要由你來負擔。因此，餐廳老闆沒有維護好環境安全，導致客人滑倒受傷，要負**過失侵權行為責任**；而小智故意用分身帳號留下不實指控貶損餐廳老闆的商譽，是**故意侵權行為**，兩個人都必須為對方的損失負賠償責任。

❺不正當的獲利就叫「不當得利」

老王退休後在自己庭園當開心農夫，發現隔壁鄰居已經搬離，土地荒廢十分可惜，於是就把自己播種的範圍延伸到隔壁土地去，並且每年收取上頭的農作物做小買賣。某天隔壁鄰居退休回來想開快樂農場，發現老王擅自在自己土地耕種的事實，憤而告上法院，老王的鄰居有什麼可以主張的呢？

生活中的財產利益總是不斷在流動的，像是為了買網拍而刷卡、投資獲利、過年從父母拿到紅包等等，本於正當的交易所拿到這些財貨，才代表我們有權保有它；相反的，如果你是在地上撿到100元、有人匯款不小心匯到你的戶頭、或是同學先付款而你忘記找錢，這種增加財產或是減免支出的利益，因為都是欠缺法律上的原因而來的，我們就叫它**「不當得利」**。

民法第179條規定，無法律上原因而受利益致他人受損害，就要付返還的責任，換句話說，不該是你的就分毫不可取，不論是撿到或是意外之財，都必須把這份財物還給原來的主人。像是到別人的土地種菜，一般是要付租金的，私下偷種菜不用付租金，這種行徑違反民法，也違反了君子愛財取之有道的道理，因此鄰居就可以跟老王**追償**使用土地的代價，也就是租金。（**相當於租金的「不當得利」**）

❻太瓜張了，我要「解約」！

大明前些日子趁著搶先申辦的福利簽了5G的1499吃到飽方案，沒想到三個月後電信三雄殺得見血，電信業者卻降價推出吃到飽699的方案，氣得他跑去跟業者解約、申辦新專案，並要求退還價差，他站得住腳嗎？

我們一般俗稱的「解約」，在法律上指的是二種權利，一個叫做**終止權**、另一個叫做**解除權**，雖然都結果都是「解約」，**但是效果卻差很多哦！**

如果是**「一次性」**的交易（就是說沒有像租金每月都要付錢這樣，**然後跟「性交易」也無關**），發生履約上的障礙，比如**賣家收了錢卻不出貨**，這種時候要做的是**「解除契約」**，解除之後法律上這個契約就可以當作沒存在過，所以可以跟賣家把錢要回來。

如果是**「繼續性」或是履行期很長的交易**，像是租屋、電信服務需要一期一期付費跟履約的契約等，法律只會允許你**向未來「終止契約」**，換句話說，**在終止之前的契約還是有效，所以不能請求退錢**，但對將來還沒開始履行的部分，雙方不必履行了。

大明跟電信業者間電信服務的契約，因為是繼續性的契約，所謂的解約其實是終止契約，所以雙方只是不必再按照1499的方案履行，但通常契約可能會綁終止需負違約金的約定[1]，並不代表電信業者先前收的費率是可以退還的哦！

❼不好意思我看錯了，可以反悔「撤銷」嗎？

花花聽說小米的手機CP值很高，便趁在上海旅遊時前往電信行購買。一進門就拿了一支手機結帳，開開心心的回飯店擦手機玻璃。沒想到，打開包裝才發現自己買的是「小迷手機」，氣得跑去跟店員主張要退貨，不意外的被店員拒絕了。

花花把「小迷」看成「小米」而購買的狀況，民法稱作為**「錯誤」**。錯誤有好幾種形式，除了花花這一種以外**（同一性錯誤）**，還有像是寫契約時多寫或少寫一個0**（表示錯誤）**，以及以為吃鹽可以治糖尿病而大量買入的情況**（動機錯誤）**。

按照民法第88條規定，如果**表意人**（花花）沒有過失，而意思表示的內容有錯誤，或假設**「知其事情就不會為」**意思表示者，表意人可以將撤銷意思表示。白話：也就是說，只要你心中想的跟外部行為做的有落差，像是要買小米卻拿成小迷結帳，是有可能可以撤銷的！

但為了怕大家亂反悔，法律訂有兩種限制，一種是**你自己有錯在先的**，比如要買小米卻不問店員，自己拿成小迷去結帳，這種情形不能用錯誤的規定來撤銷；另一種是**大家根本不知道你在幹嘛**的，例如以為鹽可以治病所以買鹽，這種情況，法律稱為**動機錯誤**，因為沒有人知道你買鹽是為了治病，**不能要其他人負擔你幻想的成本**！所以這種情形原則上也不容許當事人撤銷。

❽ 你撤告我賠錢，咱們來談「和解」

阿龍在路上邊騎車邊抓寶，在甩寶貝球時太入神，不小心連龍頭也跟著甩了出去，導致撞上人行道上的阿伯，當時阿龍雖有意賠償，但僅受輕傷的阿伯卻開價１００萬，導致阿龍抓狂負氣而走。事後阿伯提告過失傷害及附帶民事賠償，怕坐牢的阿龍於是私下找了阿伯簽和解書，表示願意賠償10萬元，條件是阿伯撤告並放棄其他民事請求。

所謂的**和解**，是民法契約中的一種，功能是讓當事人自己重新確認爭議，並約定**新的法律關係**，以車禍事件來說，可能發生各式各樣的損害，但是要上法院請求這些損害就要實際的支出單據；如果和解，就可以用契約讓大家「喬」出一個金額，把它當做最終賠償的金額，取代原本的侵權行為損害賠償責任。

和解的方式有兩種，一種是**法庭外和解**，另一種是**法庭內和解**。如果是在法庭外的和解，原則**不能**

對正在進行的訴訟產生程序上的效力，但可以當作證據，像是對方請求100萬，可是和解書已經同意賠償10萬就好，那麼法院就可以照著判賠10萬元；另一種的情況，在法庭上當庭和解，會導致訴訟終結的效果，等於說和解書具有跟法院裁判相同的效力，對方如果之後賴皮不付錢，債權人也可以拿和解書到執行處去執行處分對方的財產。

1 這類違約金如果消費者覺得高得太不合理想爭執，必需上法院爭執，認定上屬於法官的職權，如果法官判斷違約金過高，可以依照民法第252條：「約定之違約金額過高者，法院得減至相當之數額。」做酌減；也許有爭執機會，但一般人比較少為了這樣的金額上法院，所以類似案例並不多。

12 這幾個法條你一定要知道，有事防身，沒事拿出來唬唬人也很厲害！

Part 2

❶違背我信任就是「背信罪」？

小花與網友的約會即將遲到，於是急Call工具人阿明來載她，沒想到吃醋的阿明答應後直接放鳥，氣憤的小花於是控訴阿明違背自己的信任，已經構成了**背信罪**……

甘安捏？這當然不構成！刑法基本上不太管這麼雞毛蒜皮的小事！所謂的背信罪，簡易的理解是指為他人處理事務，而故意做出違背其任務的行為，致生損害於本人財產或其他利益的情形。要件上還要求必需具有**「高度的信賴關係」**且要與**「財產上有關的事務」**。

比如上面的例子改成小花委託阿明處理不動產買賣，阿明為了報復自己長久被當工具人使喚，因此故意用市價3折來賤賣，這種濫用別人所給予你權限的行為，就是屬於背信罪所要處罰的喔。

❷妨礙名譽有二種：公然侮辱、誹謗不一樣！

小智在用餐時被服務生不慎撒出來的湯弄髒了身上的高級襯衫，氣得當場用三字經飆罵服務生長達3分鐘之久，事後又上餐廳的Google評論留言，表示該餐廳用低廉組合肉做高價餐點、明明用萊豬卻標榜台灣豬等等，被店家一狀告上法院，說這一連串行為構成了「**公然侮辱罪**」和「**誹謗罪**」！這樣成立嗎？

沒錯，因為妨礙名譽有二種類型，一種是單純的謾罵，比如問候別人老母，稱為「**公然侮辱**」；另一種，則是抹黑造假，比如說某男星私生活很亂、私生子很多，稱為「**誹謗**」。

像是小智罵服務生三字經的部分，就是單純貶低對方名譽的行為，會構成公然侮辱，另外在Google評論留下不實的負評，是故意散播不實事實，在刑法上則會構成誹謗罪，而且兩個事件發生在不同時間地點（店家內跟網路上），所以確實有可能構成二罪喔。

❸ 朕不要的你不能逼我，什麼情況會構成「強制罪」？

小美是個20多歲的ＯＬ，跟40多歲的小花是互看不順眼的鄰居，某天小美素顏外出買菜時，剛好被打開門的小花撞見，小花當場嘲笑說：「呦，這樣也敢出門見人阿？」小美相當不爽地回了一句：「素顏也比40歲的阿姨正啦！」接著立馬搭上電梯，恨不得趕緊擺脫這毒蛇的老太婆，沒想到無法接受年輕女子挑釁的小花阿姨衝上去按住電梯開關說道：「懂不懂得敬老尊賢阿？有沒有禮貌阿？$%$@……」連續罵了小美將近15秒後才悻悻然離去，小美當下為了避免衝突擴大未再還嘴，隔天便去提告對方涉犯「強制罪」，最後小花還真的被起訴並且被法院判強制罪，拘役50日（真實故事改編）。

強制罪是指**用強暴或脅迫的方式**，**強制別人去做沒有義務的事情或是妨礙他人行使正當權利**，比如強迫他人按壓指印或是在他人報警時拍掉對方手機等。因為強制罪的要件很籠統，所以實務在適用上也有做一些限縮，必須欠缺正當目的或手段具有可非難性才行。以上面的例子而言，法院便是認為小花的行為是妨害小美使用電梯及行使其身體自由通行之行動自由權利，構成了強制罪。

那麼因為疫情緣故，業者因為顧客未戴口罩而將其阻擋於門外，是否算是強制罪呢？這雖然妨礙了顧客的行為自由，但是為了確保防疫，同時也是法令上的要求，所以屬於一種正當的目的；而且賣場本來就可以拒絕服務特定客人，因此手段也沒有社會可非難性，不會構成犯罪。

❹網拍未取貨會不會構成「間接毀損罪」？

經營蝦皮賣場的阿榮，這次又因為買家未取貨而白白損失運費60元，氣得直接嗆買家惡意棄單，已經構成**間接毀損罪**，如不賠償一定會報警提告！

「直接毀損」是指直接毀壞別人的物品，比如踢破盆栽；而**「間接毀損」**則是指用詐欺的方式讓本人或第三人處分財產，**讓他受有損失**，比如騙鄰居拿到的支票是假的、騙他把支票撕破。

網拍不取貨，**必須要證明買家是故意要騙賣家出貨**（需要有間接毀損的犯罪故意），藉此讓賣家受有運費損失，**如果買家只是遺忘或是超商流程疏失導致**，一般是不會構成犯罪的（賣家頂多是提告民事部分要求履約或求償）；但如果有客觀的情事足以佐證買家是「故意」的，那就另當別論了。過去曾有買家因為不爽賣家或出於惡作劇心態，多次下標不取貨而被法院認定構成間接毀損罪；也曾有過賣家的競爭同業，一樣是多次下標不取貨，被認定有犯罪的故意，因此被法院以間接毀損罪判刑的例子喔。

❺路上的東西不要亂撿，小心犯了「侵占罪」，說不定還可能構成「竊盜罪」

小新某天跟朋友借到一台switch，突然起了貪念，把它私自變賣換錢去買PS5（可能要補不少差價）。朋友超級不爽並提出刑事告訴，最終被法院以**侵占罪**判刑。

侵占罪是指，自己因為某些原因先持有他人的物品，像是理專代為保管股票、代理人代為交付金錢，跟別人借東西來用等等，隨後竟然意圖把「持有」的物品轉為「所有」的行為（易持有為所有），這是5年以下的有期徒刑責任。

那如果是遺失物、明顯可知是其他人的物品，卻將它占為己有，也同樣有侵占遺失物罪的問題，由於遺失物的侵占惡性較低，責任是1萬5千元以下的罰金。

至於過去新聞上曾看到訂閱人數60多萬的知名youtuber，曾在飛機上撿到人家錢包偷偷收起來，事後被判了7個月的有期徒刑、緩刑2年；還有看過拾荒老婦人，拿走別人家前的箱子而被人提告刑事……這兩個案件涉及的其實都不是侵占而是竊盜罪，也是5年以下有期徒刑責任。

會被認定為竊盜罪的原因在於，飛機上人家掉了錢包，這只是暫時的，你沒撿走私自收起來的話，人家說不定還找得回來，這時在法律上失主還是有個**「鬆弛的持有」**，擅自拿走是屬於**破壞「持有」**的竊盜罪；同樣的道理放在人家門口的紙箱，不能直接說等於人家不要了，這也是一種「鬆弛的持有」，擅自拿走確實有構成竊盜罪的風險！

至於紙箱價值甚低這件事，影響的則是責任多重的問題，法院也可能以「微罪不舉」的原則直接判老婦無罪，但如果被失主提告還是免不了跑法院這關，所以說還是老話一句：「路邊的野花不要採，路邊的東西也別亂撿才是。」真的想當個好人？要馬不要亂撿，要馬撿起來就第一時間交給警察機關喔。

❻ 蒐集個資料也可能被關？什麼是違反「個資法」？

善逸為了追求禰豆子，拜託在銀行上班的朋友伊之助將禰豆子的個人資料及帳戶資料提供給他，好讓善逸可以在禰豆子生日時送上大禮。生日那天，善逸不但親自送花到禰豆子家，還往禰豆子的帳戶匯了10萬元禮金，結果禰豆子不但沒有感到開心，還一狀告到法院！

個資法（個人資料保護法）所稱的「個人資料」，是指姓名、出生年月日、身分證號、護照號碼、特徵、指紋、婚姻、家庭、教育、職業、病歷、醫療、基因、性生活、健康檢查、犯罪前科、聯絡方式、財務情況、社會活動及**其他得以直接或間接方式識別該個人**之資料，可以說是包含非常多的東西。

而個資法要求公務及非公務機關在蒐集和使用個人資料時都要具備特定的目的及授權，**如果有蒐集或使用目的以外的使用**，就會構成侵權行為，甚至還可能會有刑事責任。

以本例來說，銀行蒐集的資料（譬如姓名、生日等），當然屬於個資法保護的個資，但這是為了保留存戶資料查對信用或締結契約用的，伊之助擅自提供給第三人已經是**目的外的使用**，如果對禰豆子造成實際損害就必須賠償；而若是藉此獲利、或使爾豆子被善逸糾纏騷擾，也會因此構成刑責，而策劃此事的恐怖追求者善逸先生，也可能因此被認定成是共犯喔。

至於坊間很常見的肉搜行為，一言不合就公布對方照片、聯絡電話企圖公審對方的行為，其實也有觸犯個資法刑責的疑慮。過去就有一名年輕女子因前男友跟她疏遠，到多個臉書社團大罵該男是「渣男」，並張貼男子的住址和工作，被前男友提告，南投地院法官最終便以違反個資法罪名，判處2個月有期徒刑。

此外，現在社會上很多單位或公家機關似乎也誤解了個資法的真意，而常常把個資法當作自己偷懶的擋箭牌，時常都以空泛的「個資法」作為理由，回絕民眾的請求，這時候建議大家遇到這樣的問題時，去翻出資料調閱的規定依據，一般而言，公家機關的資料調閱除了當事人之外，通常還容許**「利害關係人」**來做調閱，譬如債權人在追債時依法是可以檢具證明文件的正本來調閱債務人的戶籍謄本。所以說，遇到被公家機關打槍時，可不要輕易地被承辦人給話術了~

❼「再不還錢我告死你！」債主會構成「恐嚇罪」嗎？

大雄因為不滿胖虎屢次借錢不還，但又苦無辦法要求胖虎還債，只好寫了一封存證信函，裡面只簡單寫著：「再不還錢小心我告死你！」胖虎見獵心喜，便拿著這封信去找警察叔叔告大雄恐嚇……

告不成啦！刑法規定，加害生命、身體、自由、名譽、財產之事恐嚇他人，導致他人擔心受怕產生安全疑慮時，會構成**恐嚇危害安全罪**。如果還有不法所有的意圖，藉由恐嚇要求他人交付金錢或利益，則會構成**恐嚇取財罪**（刑責更重）。

不過，姑且不說胖虎平常就以欺負大雄為樂，案例中根本就沒有「心生畏懼」，實際上**大雄本來就可以透送訴訟解決私人債務紛爭，因此是正當權利行使的告知**，不算是有不法性的恐嚇，因此不會成罪。

那怎麼樣會構成恐嚇罪呢？如果今天大雄是說「再不還錢小心我『**打**』死你」，這就屬於一種**「惡害通知」**，造成他人的畏懼，肯定會有恐嚇危害安全罪的問題；那如果是說的隱晦一點「再不還錢，出門小心點」、「我知道你家在哪裡」之類的呢？這會構成恐嚇危害安全罪嗎？

法院的見解曾提過所謂「恐嚇」的通知危害之方法並無限制，凡是一切以直接之言語、舉動，或**其他足使被害人理解其意義之方法或暗示其如不從將加危害，而使被害人心生畏怖**的行為，都應該包括在內。所以說，這類言語也是有可能構成恐嚇危安罪喔。

❽「給我錢讓我轉生！」要信徒進貢能算「詐欺」嗎？

阿兩躲債出家，化名中元法師，自稱戰鬥聖佛，需要集資9999萬元方能脫離凡胎肉體，重塑金身，以怒目金剛之姿回歸末法世間，重振我佛威嚴。以此號召不少信眾加入，後有信徒發現師父居然用他們的供俸開起名車、住起豪宅來了，於是一狀告進法院！

所謂**詐欺罪**是指，基於不法所有的意圖，用騙術或隱瞞不告知的方式，使他人陷入錯誤，並因此把財產或利益移轉給行為人的行為，像是騙你賣的是正版貨，其實卻是假貨。

不過，「詐術」要能分辨真假，也就是說要存在一個對照的「事實」，如果詐欺的內容科學無法驗證，法院就很難認定是詐欺。所以最麻煩的就是宗教詐欺案件！因為被害人是基於信仰交付金錢，但交付金錢的原因不論是轉世或是如何，其實都是超自然的說法，科學無法驗證，且考量到憲法上所保障宗教自由的精神，所以類似案例要告詐欺其實並不容易喔。

過去一些會構成犯罪的宗教詐欺案件，常常是因為類似於老鼠會的斂財方式而違反**銀行法規定**（屬於重罪），或者以其他名義來騙色（神棍要求女性雙修），另構成**妨害性自主**的刑責。

那什麼樣的情形才會構成詐欺呢？最常見的「解除分期付款」、「媽，我被綁架了」這類騙局導致被害人匯款，當然構成詐欺罪，過去也有不少網美或直播主對粉絲宣稱自己母親生病，或者要跟經紀公司解約需要支付違約金等各種奇怪的理由，來要求粉絲斗內給錢，最終發現全是假的！媽媽活跳跳，而且根本沒跟經紀公司簽約，這種編織理由來騙人給錢的情形，近來也開始有法院認為會構成詐欺罪喔。

⑬ 喵皇新招：法律追訴權？拳拳到肉！

在網路如此普及的現今，如果不小心做了什麼壞事、留了什麼把柄，很容易一覺醒來就全世界都知道了。也因此若是有負面消息在網路上流竄，擁有媒體話語權的政商名流們，很容易在消息散布之前，就先大陣仗的召開記者會，利用媒體表示：「對於這些不實言論，我們會**保留法律追訴**權，不排除提告。」

一方面向社會大眾說明自己還有些許風度沒有第一時間提告，二來又可以多少遏止負面言論的發酵（但效果通常不太好），這樣的戲碼大家一定看了很多次了，但不曉得大家是不是曾好奇過，到底甚麼是**「法律追訴權」**呢？

法律追訴權？法律追訴拳？法律最速拳？

大家常在電視新聞上聽到所謂的「法律追訴權」，並不是一個太精準的法律用語。刑法所規定的追訴權，是指國家追究犯人刑事責任的權力，而針對嚴重程度不同的案件，就會有不同的追訴權時效，像是擄人勒贖罪的追訴時效一定會比誹謗罪來得久，如果過了這個期間，國家都還沒有起訴犯人，那麼之後國家也就不能再追究、懲罰犯人了。

所以追訴權既然是專屬於國家的權力，則不管是一般民眾如你我，或是電視上的那些名人，**都無法替國家「保留」追訴時效的**。

那**法律追訴權**到底是一個什麼權利？其實這個字眼既然不是一個法律的術語，就沒有精確的定義，大家都是隨著心情在使用這個字眼的，但綜觀歷來法律追訴權這個字眼在使用的語境上，最接近的法律術語就是**「告訴權」**了。

那告訴權又是甚麼呢？

刑事案件的被害人以及其配偶，可以依法向警察、檢察官提出告訴，若被害人未成年，則被害人的家長也可以提出告訴，可以向偵查單位提出告訴的人就有所謂的「告訴權」，提出告訴的人就是「告訴人」。

而所謂的**提出告訴**，也就是向偵查單位說明犯罪事實大致上為何，讓檢察官可以就犯罪事實進行詳查，若檢察官最後認定告訴人所提出的告訴，並不足以證明被告有罪的話，就會不起訴；如果認為被告有犯罪的話，則會起訴被告（提起公訴），讓地方法院的法官來對被告作出判決，決定被告是否應該接受刑罰的制裁？

告訴權可以保留嗎？

如果是**告訴乃論**的案件（也就是有告訴權的人一定要提出告訴，檢察官才會處理的案件），告訴人若要提出告訴，就必須要在「知道犯罪事實」之後的6個月內提出告訴，這6個月法律上稱做「告訴期間」，若超過這個期間才提出，檢察官也就只能給犯人不起訴處分了。

而且，告訴乃論的案件中，**告訴權不僅無法被「保留」，也無法被「拋棄」**，所以如果有看到「拋棄一切刑事告訴權利」這類的字眼（通常是出現在車禍案件的和解書中），那就跟「保留法律追訴權」一樣，是完全沒有根據、也沒有法律效力的字眼喔。

另外值得一提的是，**非告訴乃論**的案件，並沒有告訴期間的限制。畢竟非告訴乃論的罪名相較於告訴乃論，都是惡性比較重大的犯罪，像是縱火、殺人這樣的案件，肯定是不能因為短短6個月過去了就輕輕放下的；而告訴乃論的罪名，往往都像是誹謗、公然侮辱或是毀損這種聽起來沒有那麼嚴重的罪名，如果法律都給你6個月的期間猶豫了，你還不提出告訴，那檢察官就要把有限的偵查資源（偵查資源真的是有限的，檢察官也普遍過勞），用在更重要的案件囉。

所以說告訴權啊，就像是青春一樣，它時間到了要走，你怎麼樣都留不住的，對外宣稱要「保留」下來，又有何意義呢？

存證信函 Part 1

14 自己能寫存證信函嚇嚇對方嗎？手把手教學～

當然可以！存證信函並不難寫，只要掌握一點訣竅就好囉。

存證信函是什麼？

存證信函是一種經由郵局加以證明信函內容、收發信與否及時間的信函。簡單來說，郵局會留存一份**內容**、**格式**一模一樣的信，並詳細記錄發信時間、是否有人收信、送達時間。

這樣的設計可以確保寄信的人與收信的人都有相同內容的信函，並且確保收件人確實有收到信件。這麼做最主要可以確保內容有寄出，並且確認對方收受的情形，而且未來縱使寄信的人遺失了自己留底的信也不要緊，因為郵局有留存一份完全一樣的信（**郵局會保存3年**）。

正因為存證信函的設計嚴謹，所以在訴訟實務中，如果有存證信函當證據，基本上對方就很難說自己沒有收到通知，而且因為**寄件人、收件人、郵局留底的存證信函都有蓋騎縫章**，還可以避免收件人做出：「我收到了，但裡面是白紙阿！」這種奇怪的抗辯（**俗稱白痴抗辯**）。

可能有人會問，存證信函是不是有什麼強大的法律效力阿？

其實存證信函並沒有大家想的那麼厲害，通常是**「示警」**跟上面所說的**「證據保存」**而已，不過在一些法律中要求**「通知」**或**「催告」**時，存證信函就會變得非常重要！因為下一步就是上法院了！發過的存證信函將來會被當成證據，直接影響到提告勝訴可能性。

寫存證信函的小撇步

首先，寫存證信函格式很重要，關於存證信函的格式大家上網Google一下就會有了，**郵局的網站**也有提供大家下載存證信函的範本，大家可以善用網路資源。網路下載下來就會得到一張這樣的東西：

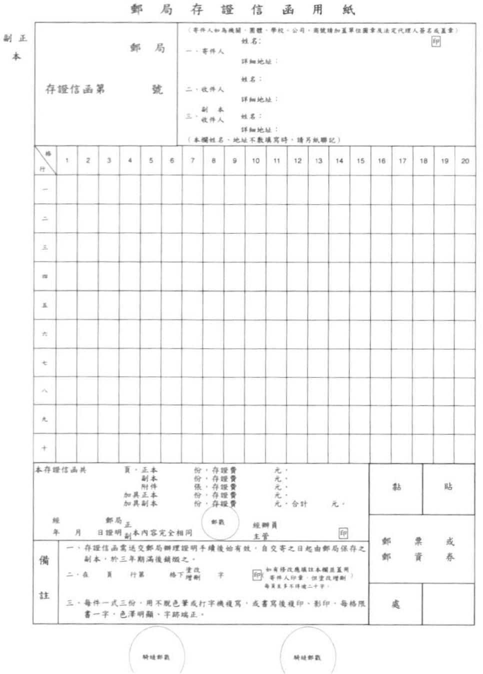

郵局存證信函用紙

正本
副本

郵局
存證信函第　　號

（寄件人如為機關、團體、學校、公司、商號請加蓋單位圖章及法定代理人簽名或蓋章）
一、寄件人　姓名：　印
詳細地址：
二、收件人　姓名：
詳細地址：
三、副本收件人　姓名：
詳細地址：
（本欄姓名、地址不敷填寫時，請另紙聯記）

格／行	1	2	3	4	5	6	7	8	9	10	11	12	13	14	15	16	17	18	19	20
一																				
二																				
三																				
四																				
五																				
六																				
七																				
八																				
九																				
十																				

本存證信函共　頁，正本　份，存證費　元，
副本　份，存證費　元，
附件　張，存證費　元，
加具正本　份，存證費　元，
加具副本　份，存證費　元，合計　元。

經　郵局　年　月　日證明正副本內容完全相同　郵戳　經辦員　主管　印

黏貼郵票或郵資券處

備註
一、存證信函需送交郵局辦理證明手續後始有效，自交寄之日起由郵局保存之副本，於三年期滿後銷燬之。
二、在　頁　行第　格下塗改增刪　字　印（如有修改應填註本欄並蓋用寄件人印章，但塗改增刪每頁至多不得逾二十字。）
三、每件一式三份，用不脫色筆或打字機複寫，或書寫後複印、影印，每格限書一字，色澤明顯，字跡端正。

騎縫郵戳　騎縫郵戳

要注意什麼？

(1) 格式愛注意

首先必須注意，雖然存證信函的空格很大，**但1個空格只能填寫1個字**，標點符號也是佔1格，如果是用電腦打字，則必須注意把字型調整為「全形」，才能使標點符號及數字各自佔1格。

也要注意**寄件人跟收件人**欄位都必須正確、詳實記載，才能確保能夠寄到對的地方、給對的人。另外要不要**蓋騎縫章**，並沒有硬性規定，因為郵局的櫃臺都會蓋郵局的騎縫章，但大部分的人會連自己的章也蓋。

(2) 起承轉合很重要

其實存證信函的內容並沒有一定的格式，不過需注意盡量簡潔有力，不要夾雜太多情緒性字眼，為了讓大家能夠快速上手，這邊幫大家整理大致上的存證信函寫作SOP：

第一部分，寫雙方究竟發生了什麼爭執或事件經過，必須盡可能清楚描述特定人、事、時、地、物5個要素。以催討借款來說，就是要寫清楚什麼時間、在哪裡、跟你借了多少錢、有沒有約定利息或是有沒有借據、證人等。

第二部分，可以提出你希望對方可以做到什麼事、怎麼做，也就是你想達成的目的，以催討借款來說，就是希望對方在什麼時候要還清借款、利息，以匯款還是現金的方式還款之類的請求，都可以在這部分處理。

最後第三部分，則是寫如果對方沒有照你的要求做，會有什麼後果，例如提請民事訴訟或是刑事告發之類的，基本上就是示警對方，希望對方可以照你的方式進行。

(3) 一式3份別忘記

寫完存證信函後，要寄出去前必須詳細檢查是不是有錯漏字？如果是手寫的存證信函發生要塗改、增刪的情形，都必須於**欄外註明訂正了什麼字**、**插入什麼字**，並加蓋**寄件人印章**。

最後，因為必須要確保寄件人自己的那份與收件人收到的一模一樣，就必須在郵局那留存1份，因此須製作**「一式3份」**再交給郵局，以**「雙掛號」**方式寄出，然後將自己的那份保管好，所以不要傻傻地寫完存證信函就這樣拿1份去郵局阿！如果要寄給不止1個人，寄給N個人那就要有N＋2份（多出的2份是給自己跟郵局留底的）。

以上大概就是存證信函的基本介紹跟寫法，原則上照著上面的方式，大家都能寫出淺顯易懂的存證信函並順利寄出。然後最後想提醒的是，存證信函並不是只有提告或警告時才可以寄（郵局也不會審核你的內容），收到也先不用太過緊張，因為說穿了，就只是**寄一封信但是郵局有留底而已**。

所以如果哪天想要寄存證信函來跟心儀的對象告白？也是可以的啦～ㄟ不是！理論上可以，但你不要真的這麼做吧，會嚇跑對方的喔。

存證信函 Part 2

15 對方收到存證信函根本不理會，怎麼辦？

存證信函多半只是「開戰宣告」，有很高的機會對方是不會理你的。

小Ａ近來找了一間Google評論看起來還行的冷氣行來幫他裝冷氣，沒想到安裝完不到2小時室內機就在滴水，再過了2個小時，室外機也傳出燒焦味。

小Ａ趕快聯繫業者請他幫忙修理，沒想到業者竟然裝死不接電話，小Ａ就寫了存證信函，告訴冷氣業者「請於10天內來修繕我的冷氣，如果沒有來修繕的話，我就會自己找別人修，屆時我還是會跟你請求修繕的費用。」不意外的，縱然寄出存證信函，冷氣業者還是擺爛到底、渺無音訊。

小Ａ修好冷氣之後，只好向業者提起訴訟，沒想到在訴訟的庭訊上，業者竟然說：「小Ａ沒有跟我說冷氣壞了，也沒有通知我去修，他直接找別人修，這筆錢我才不出。」讓小Ａ一整個氣到快心臟病發作。

什麼是存證信函？

上一篇手把手教學有講過，一般的信件就是直接將信寄給收件人，郵局不會留有任何備份；而存證信函則是郵局會將你寄出的信件以雙掛號方式寄出，並留1份副本在郵局，如此一來郵局就會幫你保留信件寄出的時間、收件人收到信的時間，以及信件的內容這些資訊。

那為什麼要寄存證信函？雙掛號不行嗎？

很多時候，寄存證信函會有「我要認真處理這件事了，所以請你認真看待這封信」的意思！除了將存證信函做為一種警告，有時候則是因為法律規定部分的權利要行使之前，必須要先**「催告」**對方，請對方快點處理這些事情，如果對方沒有理會的話，才可以進行下一步動作。

像小A請冷氣業者來家裡安裝冷氣，這就屬於**承攬契約**，而冷氣沒安裝好，小A要先請業者一定期間內來修理，如果業者都遲遲沒有修理，小A才能自己另外處理，再和冷氣業者另外請求修理費用。

雖然平常生活中，一般寄信、收信都是很稀鬆平常的事情，但如果涉及法律的攻防，大家都很會賴皮！如果是寄平信，收件人有可能會裝傻說：「什麼信？我沒有收到信阿！」如果是寄雙掛號的信，雖然會有回執確認收件人有收到信，但就算收信人確實收到信了，他也有可能會辯說：「你有寄信給我沒錯，但裡面裝的**只有2張傳單阿！**」因此存證信函既然幫你紀錄了收件人有無收信以及信件內容，當收件人執意要說謊時，就可以向寄存證信函的郵局查詢信件的收信情況，以及確認該封信的信件內容。

對方不理會我的存證信函怎麼辦？

前一篇我們提到，存證信函的功用是讓郵局紀錄信件寄出的時間、收件人收到信的時間以及信件的內容，就這樣而已，所以其實寄出存證信函，對方很可能是不理會的，這時候我們也只能提起訴訟囉。

回到我們的例子，小A請業者來安裝冷氣，結果安裝得七零八落，業者還在訴訟中裝傻說小A沒有通知他去修理，這時小A可以請法院向郵局查詢該封存證信函究竟有無寄送給業者？信件內容是不是請業者來修冷氣？就可以知道業者是不是說謊囉。

所以最後提醒大家，寄存證信函，不要抱太大期望；但收到存證信函，也不用過度害怕啦。

16 在LINE裡面談好租期、租金，就算契約成立了嗎？

沒錯！就算只是在LINE上或口頭談好，租賃契約一樣會成立。

日前新聞報導，爭議不斷的房東張淑晶告贏房客，這是因為房客當時用LINE通訊軟體跟張淑晶表示願意承租，但到現場時發現有一名男子持鐵鎚敲擊其他房客的房間，追查之下才發現自己的房東是傳說中的張淑X女士，該名房客在未入住的情形下，向張淑X表示要退租也不願意繳交房租，最後法院判房客敗訴，究竟是怎麼一回事呢？只是在LINE上面表示要承租就要繳房租嗎？法律到底是怎麼規定的？

沒有白紙黑字的租約，一樣有效

相信很多人都有租屋的經驗，通常在看完屋子或房間、知道租金與租期後，如果想要承租，都會趕快打電話或用LINE給房東約簽約時間，深怕好的物件就這樣被人租走了。

但你知道嗎，其實在你打電話或用LINE跟房東表示願意承租、而房東也同意將房子租給你時，租賃契約就悄悄成立囉！這是因為，法律對於成立租約的要件並不嚴格，在法律上屬於**「諾成」**、**「不要式」**契約。

只要房東與房客間談好承租的**標的**（就是哪間房子或房間）、**租期與租金**，而雙方都願意用這樣的條件出租與承租，並不需要白紙黑字寫下來，而且**也不用真的入住**，租約就會成立生效。所以最好還是不要隨便口頭、LINE答應租約，一旦答應了，租約就會成立呦。

簽租約有什麼好處？

既然租約不用白紙黑字寫下來，那是不是以後都不需要簽租約了？

當然不是！簽立書面的租約還是很有意義和必要的，第一個好處是，如果有書面方式將房東與房客間的權利義務約定清楚，未來出問題時，會有明確的依據可以釐清雙方該怎麼做，這確實是保障彼此的方法。

除了保留證據的好處外，以書面方式訂立租約還隱含了一個重要的法律意義：**房東轉賣也不怕**！法律有規定，如果是1年以上的不動產租約，必須以字據訂立！如果沒有以書面字據訂立將會變成「不定期租賃」，而不定期租賃關係中的租客會變成**沒有「買賣不破租賃」這個規定的保護**，之後房東轉手賣出房子，房客就只能摸摸鼻子走人（後面文章會詳細介紹）。

雖然不定期租賃整體來說，對於有心長久居住的租客比較有利（因為房東不能透過換約來調漲租金，後面篇章會講到），但沒有租約就是一切回歸法律，出事時沒有一本薄薄的租約可以翻，只能去翻那厚到不行的六法全書，難免心理會抖抖的。

因此，為了房東與房客雙方權利義務關係的清楚明白，建議還是要訂立書面的租約，這才是對彼此都有保障的方式。

17 LINE截圖能當證據嗎？

是可以當證據，不過在「證明力」上卻很常出現問題喔！

現代通訊軟體發達，人們大多的溝通、聯絡都依賴通訊軟體，其中以免費通訊軟體LINE最為盛行，它的功能不只可以傳送文字訊息，更可以免費通話及視訊，因此不只年輕人會用，許多長輩也愛用。

但萬古不變的道理就是：有人的地方就一定有紛爭產生！在LINE上當然也不例外，例如常常有人在LINE上吵架、談生意，或是跟房東討論租屋的問題等，而這些對話紀錄的截圖是不是可以當作法律上的證據呢？就讓我們來談談LINE對話截圖的法律問題吧。

LINE截圖可以當作證據

其實法律上對於哪些東西可以作為證據，並沒有太多嚴格的限制，基本上只要不是**「非法取得」**的，譬如偷來、拿槍指著對方強迫人家提供的，各式各樣可以證明事實存在的東西都可以作為證據！因此LINE對話紀錄或是截圖當然也可以當作證據。

在訴訟實務上，也可以發現越來越多的人提出LINE的對話紀錄或截圖，當作訴訟證據並提出給法院，分析其中的原因，應該是大家在日常生活中越來越仰賴LINE這類通訊軟體、更少講電話或寫信了，因此將LINE的紀錄當證據也是很自然的事。

可以當證據，但問題是？……

雖說可以當作訴訟上的證據，但其實有用過LINE上備份功能的人都知道，LINE備份的對話紀錄會以**txt文字檔**的形式呈現，既然是以文字檔的方式呈現，那就有**事後用電腦竄改的可能性**！但你會說，那用截圖的方式總可以了吧？

不一定喔！因為在使用LINE截圖時會發現，不是沒有辦法顯示對話者的姓名，就是無法顯示自己的姓名，只能用圓圓小小的「頭像」來辨識，尤其現今PS軟體盛行，想要修改截圖的對話內容也不是一件難事，如何能確認對象和對話內容的真實性？變成相當棘手的問題。

而這種對於證據是不是真的、是不是經過捏造的「質疑」，在訴訟實務上，我們給他一個專業的稱呼：爭執**「證據的形式真正」**，一旦有人爭執證據的形式真正，通常提出證據的人就必須證明他提出來的證據是真的，並不是經過竄改或捏造。

在訴訟中，當有人拿LINE對話紀錄或截圖當證據的時候，許多有經驗的律師都會直接先爭執LINE對話紀錄或截圖的**「形式真正」**，簡單來說，就是質疑提出的證據並不是真的！而這時候提出的人就必須證明真實性，如果沒有其他補強的證據（證人或其他物證），被法官打槍的可能性很高喔。

可以當證據≠好證據

看到這裡應該有人會說：「要我證明LINE對話紀錄是真的，那還不容易，我把手機直接拿給法官看不就好了嗎？」

這確實在訴訟中也不算少見，很多人會將手機帶到法庭上直接給法官看，讓法官直接看關於案情的對話內容，但並不是每個法官都吃這一套。過去曾經有人將手機直接帶到法庭上，法官也看了，但法官認為LINE在傳送或接收訊息後，可以任意**刪除（收回）**之前所傳送或接收的全部或部分訊息，法官看到的不一定是原始的聊天內容，最後在那個件案子中，法官並沒有採信這些證據。

因此，雖然說LINE對話紀錄或截圖可以當作訴訟上的證據，但不代表是個好證據！

最保險的作法

其實，如果遇到非常重要的事情，譬如終止租約、解除契約、警告對方時，要使自己傳送的內容不會有竄改或真實性的問題，甚至被對方質疑沒有收到，在法律上，建議還是用最傳統的方法——**「雙掛號」的「存證信函」**。

雙掛號的目的是避免對方未來爭執沒有收到文件，而使用存證信函的用意則是避免上面所說要去證明的繁瑣問題，雖說這個方式相對費時又多花錢（大概1、2百元左右），但畢竟魚與熊掌不可兼得，如果是很重要的內容、也預料接下來可能會發生訴訟，使用雙掛的存證信函還是有必要的喔。

Vol. 2

你知道的太多了

好人必看，惡人比你更懂這些合法的漏洞！

18 國民年金＝失業懲罰金?! 2分鐘看懂拒繳國民年金的好處

制度設計有問題的年金，笨蛋才去繳?!重點是不繳還不會怎麼樣！

國民年金（國保）是針對25～65歲，沒有參加勞保、農保，軍公教人員保險的國民，所設立的一種社會保險制度，提供**老年年金**、**身心障礙年金**、**遺屬年金**3種年金保障，還有**生育給付**、**喪葬給付**這2種一次性給付保障。

因為國民年金是一種**順位最後面**的社會保險，假如你已經參加勞保，就不會收到國民年金的繳費單；但相反的，一旦你**離職**、**失業**，**勞保被退保**後，沒多久就會收到政府的通知，要求你付國民年金，這種偏偏在你落難時才跑來削一筆的行為，有網友戲稱是**「失業懲罰金」**。

國民年金屬於社會福利政策的一環，立意絕對是良善的，這點不用質疑，但是好的事情也要用對方法做，倘若忽略了人性、現實的考量，可能就只是淪於打高空罷了！國民年金這個政策從二〇〇八年十月一日，施行至今已經10多年，卻只有**40%左右的繳費率**，竟然有超過一半的人都選擇不繳！到底是為什麼？為什麼可以不繳？這制度出了什麼重大問題？

欠錢還錢不是天經地義？原來超過10年就可以不繳！

我想應該很多人在25歲那年，可能還在念研究所都還沒有賺錢的時候，收到國民年金繳費通知，都會有一樣的問題就是：「如果我不繳會不會怎麼樣？」

ㄟ~**說到這個問題就妙了，老實說，還真的不會怎麼樣！**

依照國民年金法的規定，欠繳的金額會計算一個利息，利息是依照郵局「定存利率」來計算（也沒多少），然後呢？一直欠繳下去，保費的本金及利息不是越欠越大嗎？但國民年金法的規定是，**一直這樣欠下去超過10年，就不能補繳了！**也就是說，對一個本來就不想繳的人來說，就再也不用擔心被煩了！同時也代表之後不會享有老人年金這類的給付。

國民年金有處罰，但只要你沒老婆／老公就不用怕！

那你會想，不繳保費會有罰則？或者說政府有規定強迫你繳國民年金嗎？這就是整部國民年金法最大問題所在，跟健保、勞保不一樣，**國民年金不繳，沒有罰則，不會被處罰**；但你有結婚的話，你的另一半卻可能被罰喔！

因為依照國民年金法**第15條第2項**規定，配偶需要負連帶繳納保費的責任（就跟銀行借錢的連帶保證人差不多概念），如果欠保費的人不繳，政府可以向配偶請求繳費，而且依照國民年金法第**50條第2項**[1]規定，還可以對配偶開罰耶！

WTF？本來失業又沒對象可以結婚是一件很QQ（哭哭）的事情，沒想到竟然很慶幸不用怕被罰錢？萬一「不幸」你結婚了，配偶反而會因為你不繳年金而被罰！等等~**我是不是看錯了什麼？**

沒有錯！這也是制度上最莫名其妙、最令人詬病的地方，欠錢的人沒事，配偶卻會被懲罰，導致夫債妻償或妻債夫償的詭異情形，即使離婚也一樣，連前妻／前夫都可能被罰唷！

國民年金不罰本人卻罰配偶，這麼悖於人情世故的設計，政府給出的原因是，國保欠費罰配偶的制度，是參酌**「家務有酬」**的概念。

「政府請你講人話好嘛？」

幫大家解釋一下，從法律人的觀點，老實說也不是沒有一點點的道理**（真的就只有一點點啦）**，這個想法跟一般離婚的時候，**「剩餘財產分配」**的概念有點類似，譬如一對夫妻結婚，婚後妻子工作賺來的存款共有100萬，丈夫在家當家庭主夫顧小孩，沒有收入，離婚時，丈夫可以請求50萬的**剩餘財產分配**（100萬÷2），因為丈夫家庭分工中也有付出勞務，對於妻子的收入有貢獻，離婚時應該能夠向妻子請求現存一半的剩餘婚後收入，這就是政府所提到、同時也是民法有的制度設計，所謂「家務有酬」的概念。

但是，民法剩餘財產分配這個大制度裡，會導致「夫債妻償」、「妻債夫償」的相關條文，**早在8、9年前民法的一次修法中就給修掉了**，而國民年金法，這個容許國家可以向債務人配偶要求繳費的規定，竟然還擺在那裡，實在是非常落伍！

我們退個一萬步來說好了，縱使罰配偶是因為「家務有酬」這理由說得通，但為什麼法律**「只罰配偶，完全不處罰真正欠錢的人」**呢？這個高深的道理我真的悟不透阿！更詭異的是，依照勞保局網站說明，如果夫妻雙方離婚了，即便你看你的前夫或前妻很不爽、離婚後也早已無瓜葛，但婚姻過程中對方積欠的國民年金保費……很抱歉，你還是要負責啦！

看到這邊，不覺得這種只罰配偶的規定，某程度更像是一種對於婚姻的懲罰嗎？這也是非常為人詬病的地方。

單身族、學生拿到繳費單就可以丟掉了！

我記得當年25歲時（研究所時期），收到第一張國民年金繳費單時，還打到勞保局去問，承辦人也很老實跟我說：「不會有罰則。」聽到這句話，我記得我立刻上網確認一下國民年金法的規定，然後就放心地把繳費單給~**丟掉了！丟掉了！丟掉了！**

想想其中保障的內涵，最大一部份是老年給付，為了那幾千塊錢的老年給付，要繳了好幾十年後，**還活著**……才有機會讓自己領到！這段時間變數還這麼多，會不會等到自己退休時國保又破產了？還是可以領的金額又因為什麼原因需要共體時艱而被減少？所以像我當時一樣的年輕人，當然不太會有意願繳啦。

政府自己都不太想管的年金，你真的敢繳嗎？

由目前各方的數據來看，國民年金繳納的比例只有不到50%，二〇一八年跌到只剩42.87%，政府在立法過程還有相關宣傳上強調是「柔性強制」（假的強制？），對照全民健保法中針對投保單位及扣費單位的各種罰則規定，國民年金沒有針對債務人有什麼積極的罰則規定，開辦至今也只有針對少數債務人的配偶做出開罰（新聞說一年抓200個比較有錢的配偶來開罰）。

政府大概也意識到對配偶開罰一定會引起強烈反彈，卻又不打算立法增加債務人應該要強制繳納、或不繳納的罰則規定，就這樣放任大家不繳，讓這個赤字不斷擴大下去，真的會給人一種感覺：「政府是不是對自己的政策都不太有信心啊？」這樣當然也很難說服一般2、30歲的年輕人去繳這個費用啊！

制度不健全，讓有心人士也跑來撈！

另外提一下國民年金法施行細則，除了上面講到的問題外，不久前還出現年滿65歲的人可以就**欠繳款項透過分期的方式**，僅繳一期的欠費1500元，就請領2萬元的年金給付！這樣的重大漏洞，直到二〇二〇年一月才完成修法，遏止這樣的情形繼續下去！然而過去這樣也運行了好幾年才被發現，過程中必然又擴大了這個制度的財務漏洞，都會大幅地減低民眾的信心。

上面這些問題，我認為追根究底都是因為「國民年金一開始定位就不太明確」所導致的，如果真的認為這是個「必要」的社會福利制度，應該要修法強制符合資格的人都要繳納；如果認為這是個可以自己選擇，類似自己在外面跟保險公司買保險的制度，那就把條文寫清楚，也應該規劃更有誘因的方案。

政府在制度上做了一個看似折衷，實際上卻曖昧不明的柔性強制設計，讓大家可以選擇要不要繳，最後的結果必然是：年紀越接近退休的人越有意願繳，因為繳沒幾年就可以領；年紀越輕的越沒意願繳，因為離退休還久，還得擔心哪天這個國民年金是否會面臨**破產或給付被調降**的風險。即便有**生育給付**之類的其他保障，但我相信應該也不會有人為了領給付去生小孩吧？至少我是不會啦！所以就現有的保障對年輕人來說，誘因實在太低，這就是我認為一般年輕族群繳費意願普遍低弱的原因。

所以到底繳，還是不繳？

我必需老實說，國民年金的負債依照二〇二一年的新聞已經達到1兆2259億元之多，政府自己精算的結果預計國保最快二〇四八年九月左右就可能破產，所以如果二〇四八年之前你就退休可以領錢，算一算可以領幾年，你就知道繳了划不划算了！而如果你跟我一樣年輕，二〇四八年可能還不到法定的退休年齡……那就看施主您自己了，阿彌陀佛！

1 國民年金法第50條第2項：「應負連帶繳納義務之**被保險人配偶**非有正當理由未依第十五條第二項規定繳納保險費及其利息，經保險人以書面限期命其繳納屆期仍未繳納者，**處新臺幣3千元以上1萬5千元以下罰鍰**。」

⑲ 借錢不還，也不會怎麼樣？

欠錢還錢，天經地義！前提是對方有錢，不然你真的沒辦法拿他怎麼樣！

每當向身邊借錢的親友催討欠款時，可能總會得到裝可憐的回應像是：「最近手頭緊，能不能再寬限幾週？」也有情緒勒索派的可能會回你：「借個錢也要催成這樣，是不是朋友？」再可惡一點的，直接回你：「要錢沒有，要命一條啦！」……

「ㄟㄟ～欠錢的還這麼兇是怎樣啦？」許多債權人抱怨著。

雖然欠債還錢天經地義，但社會生活中卻總有許多賴皮的債務人**各種旋轉**，一副「你奈我何」的擺爛樣，讓債權人恨得牙癢癢。所以說欠錢不還到底會怎樣？欠一屁股債不用關的嗎？債權人真的拿他沒轍嗎？

欠錢不還，不算犯罪？

「當初口口聲聲答應會準時還錢，到最後卻擺明我就爛、不還債，根本就是騙錢的詐欺行為！」過去在諮詢時，很常聽到委託人這樣向我大吐苦水，並詢問是否可以提告對方詐欺？讓法院把他抓去關！

但可惜我必須說的是，**想要成功告對方詐欺可沒這麼簡單**。因為依據刑法的規定，要成立詐欺罪有滿嚴格的要件，必須要有詐欺的意圖跟行為、**對方因此上當把錢交出去**[1]，順序還不能顛倒。

回到一般親朋好友借錢的情況，很難稱得上有「施行詐術」的情形。畢竟一開始會借就是因為沒錢，後續還不出來也是債主可以預想到的風險，因此最後債務人真的以沒錢為由耍賴時，也不能說是刑法上施行詐術，況且債主通常也很難證明對方打從一開始就不打算還錢，無法符合「詐欺意圖」的要件。因此，想走刑事程序提告的話，檢察官未必會理你的！

實務上有非常多這類案件，檢察官會以這屬於單純「債務不履行」的「民事糾紛」為理由，認定不構成犯罪（**作出不起訴處分**）；多數檢察官的意思就是叫債主自己去「民事法院」提告對方還錢（要求對方履行還錢的義務），不要來地檢署提告詐欺罪啦！

除非你踏錯這一步，不然對方就只能走民事程序

台北有一位被網友稱為「血崩哥」的陳男，曾經向路邊店家謊稱自己的妻子血崩，急需用錢並承諾隔天上班就會還錢，成功得手3次。店家事後發現異狀而提告詐欺，陳男也因此被判刑。（至於他沒有報到服刑又跑去騙下一個店家，這又是另一段故事了）

一般的借錢之所以不構成詐欺，是因為一開始便缺乏「詐術行為及意圖」，相反地，如果對方借錢時用**虛構的理由說謊騙錢**，這時就有機會變成詐欺罪囉。

除了近期報導常見借車錢回家之外，藉口投資而借錢卻直接捲款潛逃，或是其實根本沒有還款能力卻仍然惡意開芭樂票、偽造文件來向銀行詐貸等，都屬詐術行為而可以提起詐欺告訴哦！

不痛不癢的民事程序，你不用太過擔心

借錢屬於民法中「消費借貸」契約，屬於民事案件，追討債務原則上要透過**「民事訴訟程序」**[2]，而不是向地檢署提告對方犯了「詐欺罪」（刑事案件）。提告後向法官證明對方確實欠錢不還，取得勝訴判決並聲請強制執行，就可以查封、拍賣債務人的財產，讓法院變成合法的討債集團囉！

但相比刑事案件，民事案件的當事人是可以不到場的，反正到場通常也會輸，還會被債權人堵到，很多擺爛的債務人會乾脆連法院都不去，這樣一來訴訟輸掉沒關係嗎？

對決心賴債的債務人而言還真沒關係！因為透過法院討錢是相對消極的，會需要債權人陳報債務人的財產，除了不動產比較容易查封以外，最容易脫產的是存款，只要領出來，放到哪去根本沒人有辦法找到，就算債權人提早收到風聲，想要避免惡意脫產聲請**「假扣押」**，也要跟法院釋明相當的可能性，並提出大概**三分之一的擔保金**到法院，所以非常考驗債權人的細心和毅力。

如果債務人沒有房子也沒有存款、股票，要查封車子，就要跟法院聲請到資料後去國稅局查，可是這些資料都是去年申報的，很有可能會因為時間差而讓債務人脫產完畢！就算查到車輛，為了查封，債權人還要**跟法院約時間一起去「找車」**，其實是非常不容易的一件事！

又假如債權人想查封高價位的首飾，那就得提出事證告知法院現在債務人家中**2樓主臥室櫥櫃裡面的保險箱**放有金項鍊，否則法院一般是不會隨著債權人失心瘋幫忙地毯式搜索的。

所以，欠錢不還會怎樣？

就被告民事、被扣財產阿，難不成把債務人抓去關喔？真的無法啊~所以對於一個已經沒錢、也沒其他財產可以被扣押的債務人來說，欠錢不還會怎麼樣嗎？還真的不會怎樣……（又不能槍斃他，是吧？）

---

1 真的嚴格說起來，法律人會去檢討5個要點：
1. 意圖，也就是故意做了詐欺行為。
2. 施行詐術，所謂詐術是指欺罔行為，亦即借錢者編造了唬爛的事實。
3. 對方陷入錯誤，也就是出借者上了詐術的當。
4. 交付行為，出借者把錢借了出去。
5. 因果關係，前面的三件事必須有所連結（借錢者施行的詐術確實騙到出借者，而且出借者也因為這個謊而把錢借出去）。

2 也可以不提告改走調解，或是較訴訟迅速簡便的聲請支付命令。

20 簽借據、本票不是萬能，不想被倒債的趕快筆記起來！

債權人可能以為有借據和本票很安全，其實這2樣東西很容易破解掉喔！

社會走跳，免不了會遇上親朋好友來借錢，許多人在一知半解的情況下就和對方簽下本票或借據，原本還以為可以像壯壯柴犬一樣在家裡等著滾利息，結果最後討錢時，當初簽的本票、借據卻被法官各種打槍，連本金都要不回！為什麼會這樣？

許多人借錢時的嘴臉就跟選舉時的政客一樣，拿了錢（選票）後就變了一個人似的，所以才需要白紙黑字來保障債主的權利；那究竟**本票**、**借據**是什麼呢？向人借錢時，簽了借據也簽了本票，是不是代表一定得還錢了呢？不還錢會去坐牢嗎？

「No No No～欠錢不還才是江湖的硬道理！」許多擅於擺爛不還錢的客戶們曾經如此大言不慚。

本票、借據是什麼？

本票其實就是一種法律上的錢，並不侷限於借貸時才出現，在一般交易買賣、贈與等情況也經常被使用。

依票據法的規定，本票是指發票人簽發一定之金額，在指定之「**到期日**」，由自己「**無條件支付**」給受款人或執票人之票據。

套到借貸上的白話文就是，借錢的人（發票人）在本票上簽下金額，並答應未來的某天會無條件把錢還給出借的人（執票人）。基本上只要照著本票上的欄位完整填好、不要塗改或加些無關緊要的字，就不用擔心變成**無效票！**至少一定要有的是：金額、發票日、發票人簽名，否則直接是無效票喔。

至於借據則沒有法律規定，但通常內容和本票差不多，只要寫上雙方姓名（最好加上身分證字號、戶籍地址）、金額、如何把借款交給對方（例如當面點交或銀行匯款）、利息怎麼算、約定何時還錢，必要時再加上擔保物、連帶保證人，最後各自簽上大名，就能讓這張借據成為未來訴訟時的有力證據。

雖然長得很像，但追討程序差很大

雖然簽本票、借據都是為了證明雙方的借貸關係，但它們除了形式不同之外，後續的追討程序才是二者最重要的差別。

若簽的是**本票**，可以在到期日起3年內向法院聲請**「本票裁定」**，只要對方沒有在一定時間內做相關的**法律動作**[1]，**就能直接取得執行名義，查封拍賣對方財產**，不用另外打官司，效力十分強大。面對本票裁定，如果對方還想要賴不還錢，這時會變成債務人自己要去提起訴訟來阻擋本票裁定，並不是這麼容易的。

若簽的是**借據**，遇到對方不還錢時，債權人就只能上法院打官司，取得勝訴判決，還要判決確定後

（可能會面臨很長的時間經歷一審、二審、三審……），才能去查封拍賣債務人的財產，時間上勢必較本票裁定長。

有借據跟本票，不代表法律上一定有權利！

民法消費借貸，其實是「交付借款」跟「約定將來返還款項」，至於借據，只能證明有「約定將來返還借款」，**是否有「交付借款」**是要另外舉證的！

也因此，只要債務人要求拿現金，而且拿的時間跟簽借據存在時間差，債權人就要花很大的功夫向法院證明，戶頭裡少了的這些錢，已經親手交給債務人，而且債務人確實有收到才行，否則戶頭就算有提領的紀錄，債權人也未必真的把錢交給債務人，這中間就需要債權人去提出可以說服法院的故事，債務人完全可以以逸待勞！

本票雖然效力強大，但實務上有不少法院認為簽了本票，不等於雙方就有借貸的法律關係。因為債務人可以提起**「確認本票債權不存在之訴」**，主張自己沒有借錢、沒有收到借款（抗辯說債權人沒有「交付借款」，借貸契約是**無效**的），最後同樣會因為債權人無法舉證有「交付借款」而被判敗訴的。

也有聽過一些比較黑暗的例子，比如債務人開本票之後，在本票上註明一些**付款的條件**，假裝很有誠意，實際上卻因為違反**本票「無條件擔保付款」**之本質，進而讓整張票據變成廢票的。

有簽跟沒簽一樣，台灣法院當真保護壞人？

雖然本票、借據各有優缺點，但如果是借錢給別人的債權人，還是建議用本票才能免去打官司的麻煩，快速獲得清償。當然，本票和借據並不是衝突的東西，當個聰明的大人，本票借據我全都要！也可以讓自己的債權更有保障，但是務必要記得保留匯款的跡證，否則一旦對方要賴，可免不了要花錢請律師打官司了。

至於向人借錢的債務人，好像簽不簽都沒有差，因為有很多可以鑽的……ㄟ不是！該還的錢還是要還啦，爭取到的時間不要盡想些有的沒的，趕緊給我去籌錢準備還錢啦！

1 債務人最常見的作法是提出確認本票債權不存在之訴、抗告、債務人異議之訴，這三種法律動作使用的時機不同，說起來比較複雜，真的遇到時建議詢問一下律師。

21 不繳勞保可以害慘老闆，又可以拿到賠償金，根本兩全其美！

雇主沒繳勞保，不但補繳、罰款、和解金通通來，如果你的老闆壞壞，不搞嗎？

近年來常常看到報導提到，許多小型公司、行號的雇主未幫勞工保勞健保，或是要求勞工簽立「同意雇主不保勞保」的切結書，事後遭主管機關開罰的案例。

也有人利用雇主會被開罰的弱點，趁機跟主管機關來個裡應外合，最後不僅讓老闆補繳勞健保費，自己也因為調解撈到一筆賠償金，像前陣子鬧得沸沸揚揚的**「早餐店殺手[1]」**事件，當中的事主就遭平面媒體爆料是個「老江湖」，過去也曾利用小店家未幫自己保勞保一事，藉勞資調解取得和解金！

另外，社會中也確實有些勞工會因為在外有債務或避免強制執行等理由，自己主動向雇主表達不投保的意願（想多領一些現金），而跟雇主約定不保勞健保，這樣在法律上是可行的嗎？

勞、健保到底在幹嘛？

首先，我們先了解一下勞保跟健保到底在保什麼？勞保，基本上就是專為勞工所設的保險，它保障的範圍相當廣泛，涵蓋了生育、傷病、失能、老年及死亡五種給付，另外如果是職業上所生的災害，也涵蓋了傷病、醫療、失能及死亡四種給付。

舉例來說，如果你是一般生病請病假或受傷（普通傷病）**請假超過4天**，而導致無法領到原本的全額薪資（勞工請假規則規定，病假期間勞工仍可以領半薪），這時候就能申請勞保中的**傷病給付**，領取投保薪資數額的**50%**，簡單來說，就可以把失去一半的薪水補回來。如果是因為「職業上所發生」的受傷或生病（職災傷病），**不能上班超過4天**，當然更可以申請傷病給付，這時**可領取投保薪資數額的70%**，所以說，勞工保險對勞工來說是非常重要的！

至於健保，大家應該都知道也使用過，基本上到醫院看大小病都要用到健保卡，就是醫療費用的保險。和勞保不太一樣的是，它的保險對象是「全民」而不侷限於「勞工」身分，只是如果你是勞工的話，不管雇主的員工人數多寡，雇主都必須幫你保健保，不能不保。既然說雇主一定要幫勞工保健保，那～勞保就沒有一定要保嗎？

勞保很強勢，不繳絕對開罰，只是罰的是老闆！

事實上，勞保相關法律並不是一體要求所有雇主都要強制幫勞工保勞保，**只有已辦理商業登記，且僱用員工5人（含）以上的事業單位**，才是勞保強制納保的對象，簡單來說，只要是勞工人數在5人以上就要幫所有勞工保勞保，而且是「雇主」的**強制性義務**，如果雇主沒有幫勞工投保勞保將面臨罰鍰，而且還必須賠償勞工所受到的損失。

那回到前面的問題，就算符合5人（含）以上的事業單位一定要投保，但如果雇主一開始就要求勞工簽**「同意雇主不保勞保」**的切結書，或是勞工主動要求高薪低報、抑或是勞工主動要求雇主不要幫他投保勞保，這些勞工與雇主約定，在法律上是容許的嗎？

如果你是雇主，我會說：「不可以！」

如果你是勞工（內心OS：沒差啦，反正被罰的不是你），我會告訴你：「盡量不要！」

這是因為法律上是「強制」雇主必須幫勞工投保，一旦契約條款違反這些強制性的規定，**法律上是無效的**；白話來說，**契約有訂等於沒訂**，更重要的是，強制納保的規定中還定有罰則，但是處罰的對象只有雇主！如果你的老闆很討厭，或是你突然有一個大膽的想法，欸？或許就可以跟他來約定一下～（ㄟ，不要說是看哪本書教的）

勞工可以搞雇主、多拿一點錢錢又不用怕被罰？

恩～你問太多了！只能說，目前法律並沒有處罰勞工的規定，頂多就自願不保的勞工無法享受到勞保的好處而已。所以說，如果身為員工真的想多賺一點現金或者有特殊需求，打算跟雇主討論不要保勞保，雖然我是不會建議你這麼做，但只能說，如果雇主答應了，最後被發現也只有雇主被罰，對員工來說，好像也還好而已。那如果你是雇主？不用謝我了，還是趕緊乖乖幫員工投保卡實在！

---

1 據新聞報導，近幾年有一名女子，陸續在雙北市店家應徵工作，受聘後會故意不提供證件讓業者無法投勞健保，再擺爛被開除，事後以興訟索討勞資爭議調解金，而被店家們稱為「早餐店殺手」。

22 市井流傳某個「暗黑兵法」能讓酒駕者安全脫身？

有人因此成功躲過酒駕的罰則、有人從有罪判無罪，法律漏洞真的破這麼大喔？

「喝酒不開車、開車不喝酒」這句是小學生都能朗朗上口的標語，但偏偏有些人就是喜歡搞叛逆，喝酒還開車！不過很奇怪的是，一般人被查緝之後，都是急著掩蓋自己喝酒的事實，有位林先生卻反其道而行，在員警面前做出逆天舉動，大辣辣地打開手上的金牌「乎搭啦～」咕嚕咕嚕爆飲一頓！彷彿在對員警說：「林北沒在怕的！」憤怒的員警將這瓶啤酒取走，拿出酒測儀準備對這位林先生實施酒測，沒想到林先生竟然趁員警不注意，又從袋子裡開了一瓶啤酒繼續喝。

這是二〇一九年五月真實發生在北市南京東路上的案例！後來那位在員警前爆飲啤酒的林先生，被員警舉發違規，遭罰9萬元及吊銷駕照，藐視公權力所得到的懲罰，一切看似合理。

結果萬萬沒想到！這名林先生後來提出行政訴訟的結果是：**「原處分撤銷」**，臺北市交通事件裁決所對這名林先生所做出的「罰鍰」跟「吊照」的處分通通都被法院給撤銷了！

類似的案例還有一起，發生在二〇一六年八月間的新北市汐止區，王男開車擦撞到後車，後車駕駛報警處理，王男竟趕緊跑到附近頂好超市購買2瓶啤酒、1瓶烈酒飲用，員警前來測得王男體內酒精濃度高達每公升0.61毫克，雖然被檢察官起訴，但法院以無法排除是車禍後喝下的酒類才導致超標，針對酒駕公共危險罪部分判決無罪。

這樣都沒事！難不成法官判案前也先喝一杯？

欸！在法院可不能這樣講話喔，一個不小心觸犯侮辱公務員罪就不好了~

我們先釐清一下，大家所厭惡的酒駕是指「先喝酒再開車」和「開車中喝酒」**這**兩種情況，並不包含**「單純在車上喝酒」或是「停車後喝酒」**的情形對吧？所以前面案件裡面法院認為要搞清楚這二人有沒有酒駕，必須要確認2點，第一，員警有沒有遵守正當法律程序取證，還是胡亂栽贓？第二，到底是喝酒後開車，還是停車後才喝酒呢？

以第一起案件來說，法院認為員警的攔查是符合正當法律程序的，也就是要先有合理懷疑林先生涉及違法而攔下他，在攔下林先生後，發現他全身酒味，因此合理推測他酒駕，於是要求他接受酒測，到這邊都完全沒有問題。

但是法院發現，根據員警的密錄器，在實施酒測前，林先生手上已經有一瓶開過的啤酒了！因為酒測器沒有那麼聰明，可以分辨這酒精濃度是多久以前的數值，那麼到底是喝酒後開車、**還是開車時沒喝、臨檢後才喝酒（無法處罰）呢？**倘若警察沒辦法用客觀證據來證明是酒後駕車，就不可以處罰人民，以免濫殺無辜。

另一方面，法院還發現林先生在和員警爭執的過程中，林先生的前妻跑來關心，之後林先生手上竟然又多了一瓶開過的啤酒，而且員警居然絲毫沒有禁止或取走的行為，可見這起事件的警察出了很大一個包，更讓法院不敢相信他執法的正確度。

酒測器不準是不是？為何法院不敢相信它？

前面有提過酒測器沒有那麼聰明，這是因為人喝酒之後，酒精經過血液運送會先在肺部蒸發，所以如果能測到肺部的空氣含酒精，不用驗血也可以估計人體存在一定的酒精量。但也因為肺部很容易因酒精進入體內而產生酒測反應，所以如果有人**開車時**滴酒不沾、直到**被警察攔檢「後」才喝酒**，即使測到酒精反應，那麼也無法判斷出這人開車時究竟是不是處在刑法上所要處罰的「不能安全駕駛的狀態」！這時到底是該讓他關進去呢？還是放出來呢？法院也是很為難的。

臉盆大的漏洞，不擔心大家有樣學樣、繼續鑽嗎？

其實早在10年前警政署就有發布函釋說明酒測前灌酒應該可以當作**「拒絕酒測」的類型**[1]，即便是初犯也可以**開罰18萬**（前面新聞提到的案例，是發生在二〇一九年五月舊制時期，所以只被罰9萬），加**吊銷駕照3年**的處分（期滿才能重考），而且如果有肇事，還可能因為拒測被移送血液檢驗，比起直接走法院被罰的還要重喔！

所以說，雖然現階段也許還有這樣的漏洞在，**但警察們也是有在進化的**，目前也很多投機份子鑽漏洞失敗的例子，訴訟過程反而被視為犯後態度不佳，被罰得更重！雖然漏洞鑽成了，結果了不起就是躲掉一個本來就**不太需要被關的刑責**（沒有死傷通常是易科罰金，甚至有機會緩起訴或緩刑），但使用暗黑兵法而視為拒絕酒測，到時候被罰的錢通常是更多的，這樣你還會想要僥倖鑽一下嗎？

喵的勒~你還真的給我認真想阿?!開車就是不要給我喝酒啦！整天想那些有的沒的真是浪費生命！

1 函釋中提到了，拒絕酒測的方式包含偽造、變造、湮滅或**隱匿駕駛時即含酒精濃度**等行為。

23 警察說你妨害公務，要送辦、拘留，87％都是唬你的啦！

只有對合法執行公務的警察使用暴力或侮辱，才算得上是妨害公務喔！

在警界之中，有極少部分的警察是靠唬民眾長大的！

在執行職務遇到不願意配合的民眾，總要先搬出「妨害公務」的大旗先嚇唬嚇唬對方再說。久而久之，民眾也時常被誤導，是不是只要不聽話，就有可能被以「妨害公務」送辦呢？我們先來看看這3個案例：

在一〇二年時，有一名黃姓婦人因違規擺攤被警察取締，在查驗身分時，黃婦不願出示身分證，也不配合員警開單，因此警察告知將帶黃婦回派出所查證。沒想到，黃婦嘴上說好，卻逕行離開，遭**「警察及時拉住手臂」**，這時候黃婦開始掙扎，**「扭動身體」**並且**「把警察的手甩開」**、**「推拉警察」**等，最後被當成妨害公務的現行犯逮捕，經二審法院審判決**有罪確定**[1]。

相反的例子，在一〇八年時有一名黃男1號，駕駛貨車經過路檢點，被員警徵詢要他打開**「後車廂」**，黃男拒絕並表示先有搜索票再說。此時，警察發現黃男8年前是毒品列管人口，便不斷以**「路檢點不用搜索票」**為由，要求黃男配合，黃男不堪其擾後回嗆：「要配合配合什麼你說阿？**不然我脫開給你含嗎？**」竟被員警以妨害公務為由逮捕。不過，法院認為，黃男是認為警員沒有搜索票是非法執行職務，可以拒絕配合打開後車廂，縱使有侮辱的行為，**也不會構成妨害公務**[2]。

還有一個比較極端的例子是，一〇七年有一名黃男2號，在沒有違反任何交通規則的情況下被警察攔檢並要求搜索車輛。黃2本來是同意，但被搜到一半時來了一通電話，警察竟然拒絕黃2接電話，這時候他就不開心了，於是表示：「我不給你看了」、「你不要給我看」，沒想到警察不但沒停下動作，反而不斷跳針：「你是有藥（毒品）是不是？」之後，氣不過的黃2才脫口而出：**「你娘機掰，每次都來這種的。」**馬上就被以「妨害公務」為由逮捕。但是，到了法院結果卻大翻轉，不但判決黃2無罪，還認為搜索員警構成**違法搜索罪**[3]。

上面3個例子可以發現，**「不配合」**不一定都構成犯罪，甚至警察如果辦你妨害公務，還可能反而揭漏自己執法的漏洞，看起來有些警察對於什麼時候可以把人送辦、拘留，自己也不是很清楚捏！

欸～不是、等等！

我沒犯法為什麼要被帶回警察局?!

民眾接受盤查，只要稍微不配合，往往會引起警察的敵意，而告知「涉嫌妨害公務」、「把你帶回警局」等等，真的是這樣嗎？先前我們在提到過，「臨檢盤查」跟「搜索」是不一樣的事情，臨檢盤查是還沒進入到犯罪偵查的治安維護工作，所以只能查驗身分；只有在有事實足認民眾有犯罪可能時，才可以檢查交通工具。

當警察依法執行臨檢的工作時，人民有配合的義務，如果拒絕提供身分證或身分證字號，警察依法確實可以把人帶回派出所查驗，而且民眾拒絕的話可以使用強制力，最長可以將人留在警局**「泡茶3小時」**。所以在臨檢時，人民就算只是消極不配合「告知身分資訊」，還是有可能被帶回去警局伺候的，但有沒有可能構成妨害公務呢？

嘴巴說妨害公務，其實是警察擾民！

刑法上的妨害公務其實包含好幾個罪名，而警察最常用的，就是狹義的「妨害公務罪」和「侮辱公務員罪」。先前我們已經介紹過，妨害公務是指直接或間接針對執行職務的公務員施以強暴脅迫，所以你只要有跟警察發生身體上的碰撞、對以警察為對象的物品使用暴力，例如開車衝撞沒人在的警車，或是恐嚇警察都算是，**但是不包括裝聾作啞，消極不回話的情況**。

所以第一個案例裡面的黃婦之所以被送辦，是因為她不願意告知警察身分資訊，而當警察要依法將她帶回派出所泡茶時，這時候她又激動的動手動腳，正好妨礙警察執行「臨檢」跟「開單」的公務，才會被判處有罪。後面兩個例子就比較有趣了！這兩位黃男，雖然都是動口不動手，說的話也不是恐嚇，但是侮辱的言行可是有目共睹的，那為何可以在法庭上脫身呢？

原來啊，這兩位黃先生都是在臨檢時確實告知身分資訊，雖然他們都有用毒的紀錄，但起碼被臨檢的當下並沒有吸毒，按照規定，警察臨檢只能做到這裡，除非有事實證明他們已經或可能犯罪，否則就應該讓他們回家才對。

尤其黃男1號明確表示不願給警察「同意搜索」，所以警察不斷糾纏，已經不能認為是合法執行職務，那麼這個侮辱行為，就不是針對**「依法執行職務的公務員」**，不會構成犯罪；至於黃男2號，則是終止授權警方搜索，這時候警察還繼續翻找車子，已經構成違法，就算對**「非法執行職務的公務員」**侮辱，也不會構成這項犯罪。

總結來說，會構成妨害公務的情況，都只有在對警察有積極的干擾行為，不論是物理上或是言語上的，然而這都建立在**「警察合法執行公務」**的前提之上。

尤其在臨檢的時候，如果警察查完身分沒有其他證據可以指出你涉嫌違法，又還一直要「配合」、「看一下」都是超過法律授權的範圍，如果沒有配合，也不會構成犯罪喔！所以警察為了讓刁民變順民，也是要修練一口唬爛嘴呢，說你妨礙公務，你服不服？**不服啦！哪次服！**

---

1 臺灣高等法院一〇二年上易字第1467號刑事判決。
2 臺灣臺中地方法院一〇八年易字第982號刑事判決。
3 臺灣高等法院一〇九年上訴字第1942號刑事判決。

24 可以讓警察合法使用暴力的「關鍵字」！

你知道嗎？要修理刁民，警察往往就在等你說出那個magic word！

大家都知道警察執法需要法源，民主法治國家禁止民眾使用暴力，當然國家自己也必須以身作則，除非萬不得已，否則不能輕易動用**「國家暴力」**。But！看到But～就知道前面都是廢話，到底什麼情況可以合法使用國家暴力才是重點！今天我們就來看看，警察都用什麼方式讓使用國家暴力合法化，來處理他們眼中的刁民？

大概距今10年前，台北中和有一名員警因為看見一名檳榔西施穿著迷你裙、蹲在路邊和客人聊天，私密處幾乎快要曝光了，認為可能「影響交通」，於是上前勸導。接著從祕錄器中可見兩人爆發口角，其實也可以看到員警咄咄逼人，持續緊咬西施不放，而當西施脫口而出**「五字經」**後，員警便對身材瘦小的檳榔西施使出柔道側摔，把她摔得四腳朝天、多處瘀傷，並以**妨害公務**將西施扭送警局。

同樣的虧，連律師也著過道！同樣在10年前，一名律師到北市某分局要求接見當事人，遭到偵查員警無故拖延，竟然等到筆錄都做完了也不讓律師見到當事人，在溝通無效後律師與員警發生口角，脫口而出：「**他媽的**，你們是聽不懂是不是？」員警驚吼：「幹你娘?!你剛罵我幹你娘喔？」當場將律師逮捕，最終律師被判處**拘役20日**。

有趣的是，員警把「他媽的」聽成「幹你娘」而逮捕律師，新聞影片出來的第一時間，該員警的長官其實有出面緩夾，大概是意識到「他媽的」這句話構成犯罪的機率比「幹你娘」低一些，但總之最終法官還是針對「他媽的」這句話，把該名律師判刑了。看到這邊，大家應該都可以猜得出警察在等待的那個「關鍵字」是什麼了吧？只要人民喊出那個**「通關密語」**，警察便可以忍無可忍、無需再忍！

警察執法也是要壓抑自身威能，先跟你講武德的～

警察的工作主要在維護治安、打擊犯罪和為人民服務，國家賦予警察使用公權力的情況，都是為了立刻控制住危險，包括逮捕現行犯、搜索時破門而入，或也有可能是國家「為了你好」，像是你在禁食抗議，快暈倒卻不願進食時，警察為了避免你死翹翹，可以多管閒事強制灌食；或是你即將跳樓，警察也可以及時制伏你，避免你害人（變凶宅）害己（自殺）。所以警察才不是想怎樣就怎樣，其實**執法嚴重受到比例原則的限制**，因此要修理刁民當然就要先設好圈套！

警察也有暗黑兵法？

雖然警察使用合法暴力的權利常被法律加上**「依法行政」**跟**「比例原則」**兩項枷鎖，但有法就有破洞，聰明的警察當然也懂得知法玩法！使用合法暴力的藉口，**最好用的當然就是「現行犯逮捕」**，一方面可以正當使用武力制服刁民，另方面可以讓刁民接受後續的審判，可以說是「大快人心」。

因此，最常見的黑暗兵法，是警察挑釁或是積極探詢，等到民眾按耐不住情緒，**出手攻擊**，**或是說出「侮辱性」言詞時**，以「妨害公務」或「公然侮辱」、「侮辱公務員」為由進行逮捕，就像前面提到被過肩摔的檳榔西施。

所謂的妨害公務，是指直接或間接針對執行職務的公務員施以**物理力**，妨礙他依法執行職務，像是擒抱、丟雞蛋等都是，也因為法條文義很寬鬆，很多員警也習慣「先抓再說」，甚至還有發生過警察「違法」執行職務時自己跌倒，反過來把不配合臨檢的民眾以妨害公務罪嫌逮捕的例子，幸好該民眾最後**獲判無罪**[1]。

很多民眾以為只要不動手就沒事，所以對警察大小聲都可以？當然不是哦！刑法除了妨礙公務之外，還有一條**「侮辱公務員罪」**。指的是你當場侮辱依法執行職務的公務員，或是公然侮辱這項職務，像是罵執勤員警三字經、或是罵對方幹警察這行的都沒有種……之類的，都有可能觸犯法律紅線，有**6個月以下有期徒刑**的刑事責任（就像一開始的例子）。

除此之外，即使不是罵人，罵**「公務機關」**也有問題，曾有發生過犯嫌不滿羈押庭的決定，在出庭後對法庭連罵「垃圾」多次，結果**被判刑3個月**的例子[2]。

呃，警察打人，國家會挺人民還是警察？

保護執法者的尊嚴、豎立國家威信並保護公務員的安全跟名譽，確實是很重要的，而案例中觸法民眾的行為多多少少也違反了應理性說理的程度，但這並不代表此時警察可以藉故「濫權」教訓民眾，畢竟要讓民眾付出代價，是法院的職責，警察如果撈過界，那跟強逼別人洗門風、動私刑的江湖黑道有什麼兩樣？真的就淪為有牌流氓了！

所以警察可以使用國家暴力的時候，背後的目的絕對都要是正當的，不可以參雜過多私人情緒，如果警察出於「藉機報復」、「教訓」民眾的動機使用強制力，很可能會讓國家必須要負擔**「國家賠償責任」**。

舉例來說，著名的太陽花運動，因為抗爭民眾接連佔領立法院和行政院，與警察發生數起肢體衝突事件，為了維持秩序，在驅離集會遊行時，當然多少需要使用適當的強制力將抗爭民眾抬離現場。但畢竟警察也是人，長時間執勤所累積的不滿，容易被藉由**「過當執法」**的形式表現出來。

於是一〇八年的太陽花國賠判決，法官就說：「雖然員警針對非法的『和平』集會，在柔性手段無法達成驅離目的後，可以使用強制手段驅離，但是不應包括基於『教訓、洩憤、報復』而攻擊民眾身體，此已逸脫原驅離之目的。」認定那些因為不願離開現場，而被打破頭、被圍毆、被盾牌　腳的民眾都遭到不正當的國家暴力，可以得到國家賠償。

當然，現實中警察濫權的狀況還不止於此，包括在沒有監視器的巷道毆打醉漢、關起祕錄器毆打抗爭民眾、將民眾拖入派出所毆打等等，都不是罕見的新聞了，這也都逾越執法的界線。

現在你知道當個**「安全的刁民」**要避免做出什麼事了！當然啦，不是所有警察都明白法律的界線，即使你做到不口出髒字、不妨礙公務，也可能被教訓一番，這時候，但至少還能當個**「被打後可以求償的刁民」**啦！

1 臺灣桃園地方法院一〇八年易字第389號刑事判決。
2 臺灣高等法院一〇九年上易字第1377號刑事判決。

25 其實車廂裡的東西，臨檢時是可以拒絕讓警察看的哦！

「沒有犯法為何怕我看？」就跟「沒有痔瘡為何怕我看？」一樣荒謬！

警察在接受實務訓練的過程中，多少會從師傅或學長那學到1、2招問案技巧，包含大家耳熟能詳的「見警就逃，非奸即盜」或是「沒有犯法為何怕我看？」、「我報給檢察官就有搜索票了，一定要搞這麼難看嗎？」之類的話術，目的都是要讓民眾乖乖就範，讓警察「看看就好」。

為什麼非要讓民眾配合？這是因為警察只有在特殊情況下，才可以違反民眾意願進行搜身、檢查隨身物品，就連臨檢也有盤查的界線！這麼說可能不太具體，我們直接來看看一〇三年時曾經轟動一時的例子吧。

一名黃小姐投訴媒體，某日凌晨3時許，與朋友開車時從旅館離開，被兩名員警攔車盤查，員警檢查兩人證件，聞到黃女身上有K味，便要求檢查「包包」、「搜車」，以及要帶黃小姐到廁所搜。

黃小姐以為警察很好心，不在大馬路上讓她丟臉。沒想到，進去超商廁所之後，女警竟要求她「脫光接受檢查」，甚至要求脫內褲跳二下，看有沒有將毒品藏在私處，讓黃小姐非常不舒服，沒想到最後結果是「查無不法」。事件爆發後，中山警分局也坦承警員**「逾越比例原則」**，對涉案員警各記小過1支。

雖然大多數的人都不想當「刁民」，不過警察的要求有時可能也充滿了不懷好意，就像事件裡的情節聽起來很荒謬，但大家知道問題出在哪裡嗎？當警察說要順便看一下車子、包包時，該大方同意嗎？

喂～警察先生，就算只是看一下也是不可以的哦！

當警察在路上攔下人民，要求接受檢查，依照干預人民權利的嚴重程度，會區分為**「臨檢盤查」**和**「搜索」**。臨檢、盤查其實是維持社會治安的行政工作，還沒有進入**「犯罪偵查」**的程度，是指警察在公共場所或是路檢點的時候，如果出現合理懷疑有犯罪嫌疑的人，比如看到警察就出現閃躲跑走的動作，或是有事實足認為了避免發生具體的危害，像是機車騎士蛇行或夜間車燈不亮，警察就可以上前盤查。

當警察攔停人、車時，原則上只可以**「確認身分」**，也就是要求告知姓名、身分證字號等基本資料，如果身分沒有可疑（被通緝），就應該放行，而且只有在無法確認對方身分時，才能將人帶回警局。

那到底臨檢時警察什麼情況可以搜身呢？答案是，盤查過程中**「有明顯事實可以認為對方攜帶危險物」**的時候！換句話說，如果你衣衫平整，完全看不出帶有凶器，就算聞到你「疑似有K味」，只要你沒有因為藥效發作而被警察管束，或沒有被以現行犯逮捕，照理說警察都不可以隨便搜身！

對於車輛也是一樣，當在路上被攔檢時，警察也只能檢查引擎、車身號碼等（比如識別贓車），除非有事實足認你有犯罪的可能，比如說搖下車窗時剛好被警察看到有子彈，才可以搜查車子內部。

有「票」的警察要求的才可以

一般來說，臨檢能做的就只有這樣，再進一步要搜查人身、物品和車輛、住居所等，就已經涉及刑事犯罪偵查，必須先拿到法院核發的**「搜索票」**。有了搜索票，警察就可以在法院許可的範圍進行廣大搜索。

不過，為了強化打擊犯罪的效率，法律也許可某些例外的情況下讓警察「先上車後補票」，其中一個例外就是**「同意搜索」**，也就是讓民眾自願放棄憲法的保護，同意讓警察搜索。

不過，法院對於同意搜索的認定並沒有很嚴謹，甚至警察也不必要先告知民眾可以拒絕，只要民眾不是被壓在地上磨擦時同意的，就算有點被警察使用話術半哄半騙而同意，多數還是被認為是有效的搜索，因此，同意搜索反而在實務上讓**「先上車後補票」**變成警察執法過程中常用的手法。

所以下次被臨檢時，在告知身分、接受檢查車身引擎或酒測後，如果沒有當下被檢查出不法，你也行得正、坐得直，是可以拒絕警察進一步搜身、搜車的！

如果警察還是硬著來，應該先這樣做

手機錄影蒐證這是基本的。民眾這時還可以做的是當場**提出異議**[1]，並要求警察**將異議做成書面**，之後民眾可以據此提出訴願、行政訴訟；真的太過誇張的情形，甚至可以追究警察妨害自由、侵入住居、違法搜索的刑事責任。

同時你也可以搬出法條或急call律師前來，告訴警察刑事訴訟法規定搜索是**採令狀原則**，依法沒有令狀就可以拒絕搜索，而且既然在臨檢當下沒有辦法確認有犯罪嫌疑，也不能隨意逮捕之後搜車！否則有非法搜索罪的問題。這樣一來，不管你車廂裡有沒有什麼東西，就暫時平安了~喂！等等，我所謂的東西跟你偷藏的東西好像不太一樣……**違禁品還是要自重啦！**

1 警察職權行使法第29條：「(i)義務人或利害關係人對警察依本法行使職權之方法、應遵守之程序或其他侵害利益之情事，得於警察行使職權時，當場陳述理由，表示異議。(ii)前項異議，警察認為有理由者，應立即停止或更正執行行為；認為無理由者，得繼續執行，經義務人或利害關係人請求時，**應將異議之理由製作紀錄交付之**。(iii)義務人或利害關係人因警察行使職權有違法或不當情事，致損害其權益者，**得依法提起訴願及行政訴訟**。」

26 聽說收到罰單可以不繳，法洞真的這麼大喔?!

欠得少不繳通常不會怎樣；但欠太多時，可是會被管收（關）的！

有時會看到某某欠稅大戶被國稅局裁罰，欠國家一大筆錢卻死不還錢，最終遭到管收，管收沒多久後就懂得乖乖繳錢了！在疫情爆發的二〇二〇年，則看過有人不遵守防疫規定外出，遭主管機關裁罰上百萬的罰鍰，後來還跟主管機關嗆聲自己不會繳錢，而且還已經脫產，使得行政執行署向法院聲請管收！

究竟什情況會被管收？為什麼大家被管收後都願意繳錢了呢？什麼是罰鍰？跟罰金一樣嗎？國家罰你錢，不繳真的不會怎樣嗎？

罰金、罰鍰傻傻分不清

罰金跟罰鍰，是2個常常在新聞版面出現的字眼，可能有人會說，就是被國家罰錢了嘛，都是繳錢給國家，差一個字而已，有差那麼多嗎？真的差很多！在法律上可是完全不一樣的概念了~

罰金是刑罰的一種，也就是觸犯刑法所產生的一種處罰（犯罪），跟死刑、無期徒刑、有期徒刑一樣都屬刑罰的一種，只是徒刑是拘束一個人的自由，罰金則是剝奪一個人一定額度的財產。而罰金通常會用來處罰一些與財產犯罪相關，例如公共場所賭博罪，或者情節比較輕微的犯罪行為，例如情況輕微的公然侮辱罪，法院通常會**「易科罰金」**，就是以罰錢代替坐牢的方式，使犯罪的人可以有自新的機會。

而關於罰金的另一個重點就是，**罰金是由「法院判決」宣告**，交由檢察官執行，所以，要處以**罰金刑**通常都是要經過刑事訴訟程序，由法官下判決處罰，繳錢則是繳給檢察署。另外的一個小提醒則是，如果只被法院處以**「罰金」是不會留下前科的**（一般外人查不到犯罪紀錄）；但如果是**被判有期徒刑而被「易科罰金」，則會留下前科**，[1]不過，被判易科罰金時，倘若檢察官認為易科罰金的情況下難以維持社會秩序，是可以拒絕你花錢買自由，直接命你進去坐牢的哦！

罰緩就不一樣了，雖然都是對國家繳錢，但罰鍰針對的是違反「行政法規」的人，而通常違反行政法規並沒有像違反刑法那麼可惡，因此，只需要由**「行政機關」**認定違反行政法規的事實，就可以用金錢處罰的方式，作出裁罰的行政處分。

例如面對一些欠稅、逃稅的人，主管機關通常都會處以罰鍰，使這些人得到相應的處罰。另外，我們日常生活中常常講的**「罰單」**，譬如超速、違停收到的紅單，通常也是在指罰鍰。簡單來說，**罰金是「刑事法律」的範疇**，並且須由司法機關來決定，**罰緩則是「行政法律」的範疇**，由行政機關來決定，2個在法律概念上是非常不一樣的喔。

不繳罰款，國家能拿你怎樣？

按照刑法規定，罰金必須在裁判後**2個月內**繳納完畢，如果沒有繳納完畢，會送強制執行，倘若發現名下沒有財產，除非你向法院請求分期，否則會直接下命勞改，也就是易服社會勞動啦。但因為罰金是刑事責任下的處罰，加上有檢察官指揮執行，一般來說不會建議當事人擺爛玩火，不然好不容易用錢換到的自由，很可能又會因為你一時白目而害自己「下去蹲」囉。

這時候應該很多人應該會想問，那罰鍰呢？**如果收到罰單，不去繳會怎麼樣嗎？**國家有一個專門執行的單位——**「行政執行署」**，法律上允許它使用一些執行手段，讓大家把口袋的錢拿出來，比如說清查執行對象的財產情況，進而查封拍賣財產、扣押你戶頭的錢錢。

雖然行政執行署可以透過上面的方法來追債，但如果被罰的人惡意脫產，行政執行署還是有可能收不到錢，這時候法律就賜給行政執行署一個大絕招，就是大家偶爾會在新聞報導上看到的**「管收」**。

管收就是把欠國家錢的人關起來，形同讓一個人去坐牢，這是相當嚴重的情形，所以一定是到逼不得已的時候才會使用，之所以會有這種執行方式，就是因為有些人明明有錢可以還，但卻惡意脫產、隱匿財產，甚至躲起來或想逃到國外，藉此規避相關稅款或罰鍰，這時候行政執行署就可以向法院聲請將這些欠國家錢的人給管收。

這招在實務上可以說非常有效，往往管收沒多久，債務人就會乖乖地把該繳的錢付清了。不過，因為這是終極手段，行政執行署不會輕易的動用，通常都是針對欠稅大戶或是一些擺爛到極致的對象，譬如開頭所提到藐視防疫規定還大言不慚的傢伙。

我們看看截至二〇〇九年底行政執行署的未結案件還有700萬件，就算到了二一一〇年六月，也仍然有900萬件待結，就知道其中超多人都擺爛不繳！當中也不少是榜上有名的欠稅大戶，所以行政執行署光是搞這些人就快忙死了，如果你只是欠繳幾百塊罰單的一般人，行政執行署也不會真的動用到管收這麼激烈的手段啦！

不過也千萬不要覺得罰單不繳沒關係哦！因為行政機關雖然沒有時間管收你，還是有可能通報入出境管理局將你限制出境！加上罰單是會衍生滯納金或利息，倘若有一天出境前才被航警攔下，眼看著飛機就要飛了，到時候就真的只能含淚把旅費拿來清償累積成鉅額的罰單，才能出國囉！

---

1 依據「警察刑事紀錄證明核發條例」第6條：「警察刑事紀錄證明應以書面為之；明確記載有無刑事案件紀錄。**但下列各款刑事案件紀錄，不予記載**：
一、合於少年事件處理法第八十三條之一第一項規定者。
二、受緩刑之宣告，未經撤銷者。
三、**受拘役**、**罰金之宣告者**。
四、受免刑之判決者。
五、經免除其刑之執行者。
六、法律已廢除其刑罰者。
七、經**易科罰金**或依刑法第四十一條第二項之規定易服社會勞動執行完畢，**五年內未再受**有期徒刑以上刑之宣告者。」

27 才簽完離婚協議就翻臉不認帳，還可以這樣喔？

很多人說第一次結婚很緊張，那肯定是沒離過婚（廢話～），離婚絕對比結婚緊張多了！

好的婚姻帶你上天堂，不好的婚姻讓你像是住牢房。結婚是終身大事，但在不對的時間，與不合適的人結合，會讓已經很艱難的人生變成難上加難！要度過難關，就要像聖嚴法師說的：面對它、接受它、處理它，放下它。但是，都還不知道怎麼離婚，哪來的放下啊？

一宣佈要離婚，身邊的三姑六婆……哦不對，是三五好友！紛紛開始扮起了狗頭軍師，給出各種跟法律規定不太一樣的建議，到底離婚有什麼要注意的勒？

關於離婚，到底該怎麼做？

先把三五好友說的江湖傳言、小道消息放一旁吧！離婚的正確方式有3種：**裁判離婚**、**經法院調解或和解離婚**、**協議離婚**。前2種離婚方式都會經過法院這關，離婚的程序也雷同，主要分2步驟：

(1) 夫妻一方向法院請求離婚，雙方達成共識並經過法院作成調解、和解筆錄或裁判，來達成離婚的目的。

(2) 拿法院的調解、和解筆錄、法院判決及確定證明書至戶政機關辦理離婚登記。

這2種離婚方式是由公權力或公正第三方的介入，最大的好處是只要成立以後，其中一方可以自己去申請辦理離婚登記；換句話說，不用擔心另一方突然出爾反爾，對你「勾勾纏」不放手！

要是你還是覺得家務事不想讓別人看光光，那協議離婚可能比較適合你！只要夫妻雙方都有離婚的共識，就可以通過離婚協議書以及**2位以上證人簽名**，直接向戶政機關辦理離婚登記來完成離婚程序。

協議離婚看起來比較簡單，我該怎麼寫離婚協議書？

法律對於離婚協議書沒有規定一定要由誰來寫，也沒有對格式或內容有什麼特別要求，更沒有要求一定要經過公證；也就是說可以不用找律師，內容還可以按照自身需要來自由發揮！（但當然還是有一些問題可能導致離婚無效，後面馬上提到喔）

還是不會寫？不要擔心！目前各地方的戶政事務所網站都有提供離婚協議書的範本可以下載，通常範本開頭都是「立離婚協議書人×××及×××，因故無法繼續婚姻生活，難偕白首，在下列2證人見聞下，同意離婚……」然後下方有關於子女親權的約定、其他約定，算是非常簡單的寫法，如果重點只是離婚而已，這樣的寫法也堪用了。按上面的內容勾選或填寫，再由雙方當事人及2位以上的證人簽名後，一份熱騰騰的離婚協議書就完成啦！

戶政事務所提供的離婚協議書範本，雖然相當簡單易懂，但家家有本難念的經，戶政事務所也沒有跟你生活在一起，要為每個人量身訂做一份離婚協議書，實在不容易。所以範本上面有**「其他」**這個欄位，就是要提醒當事人想想，還有什麼需要約定的事情需要在達成協議後一併寫上去？

一般來說，離婚最重要的就是3件事：要不要離婚、小孩的權利義務事項、財產怎麼分配？實務上很常看到因為後面2項談不攏而乾脆擺爛不離婚的，就會卡在那邊繼續當怨偶。

所以建議還是要考慮到以下內容，例如：未成年子女的權利義務（親權）行使由何人負擔、扶養費的分擔、探視方案以及夫妻財產分配等，針對這幾個事項好好與對方談談；唯有審慎協商，並將約定的內容詳細記載，才能杜絕後續爭議。雖然沒辦法好好在一起，至少要好好地把離婚辦好，為這段感情畫下一個完美句號吧。

我寫的離婚協議書，有可能會坑到我自己嗎？

協議離婚看起來蠻容易的，只要準備離婚協議書跟2位證人的簽名就可以去登記了，但對於找不到證人的怨偶來說，可能一點也不容易！又或者離婚造成某些不公平，這時可以反悔主張無效嗎？來看看以下的案例：

台中市一名蕭姓男子找不到人來擔任離婚證人（所謂邊緣人），於是便偷拿自己姊姊跟弟弟的印章蓋在離婚證人欄位，就跟太太前往戶政事務所完成了離婚登記，沒想到事後太太不想離婚了，提告主張離婚無效，法院最終作出判決，確認雙方**婚姻關係仍然存在**！

離婚還可能無效喔？找證人有什麼要注意的？

離婚失敗變成無效（意思是婚姻繼續），這可能比求婚被拒絕還更哀傷！既然看到了前人的血淚史，離婚前還能不謹慎點嗎？

那麼究竟離婚證人的作用是什麼？離婚證人是用來證明：當事人之間確實有離婚的真實意思！因為婚姻狀態畢竟還是有「對世效力」，仍然會影響到外人對於你們婚姻狀態的認知，也關係到是否可以再婚等等，所以離婚這件事才會被要求審慎對待，並且透過法律規定一定要有證人的存在。

要注意的是，光在離婚協議書上看到2位離婚證人的簽名還不夠！法律要求證人必須要**親見**或**親聞**離婚當事人雙方有離婚的合意，也就是說，證人**「不能只聽一方的轉述」**或是不管三七二十一隨便蓋章簽名，而根本沒有確認過當事人是不是真的有離婚的意思。如果有這些情況，離婚都可能因此被判定是無效的哦！

離婚還要給對方天價的賠償或贍養費?!可以反悔嗎？

離婚過程中簽下天價賠償或贍養費的案子，在現實生活中真的不在少數，但有時原配太過貪心也是會踢到鐵板的！

過去曾有一個真實案例是，一名已婚之夫在外面偷吃，被原配抓奸在床（通姦還沒除罪化的年代），原配就要求他簽離婚協議書，並且要求這位先生簽下賠償及贈與的協議，光承諾要給付的現金就達到5千多萬！事後這位先生表示自己當時簽下這些賠償及贈與的文件，是在**「急迫、輕率、無經驗」**的狀況下簽的，主張這是一種法律上的**「暴利行為」**，向法院聲請撤銷，法院最終允許他撤銷這個賠償及贈與協議，甚至最後還把大部份給出去的錢透過這個訴訟**要了回來**[1]！

看到這邊不禁懷疑，難道渣男渣女簽下賠償都能夠反悔嗎？

那可不一定！是否會構成**「暴利行為」**的關鍵，不在於偷吃者為自己贖身的價碼，法院還會考慮的是，偷吃的一方處在上述情境時，主觀心理及客觀狀態究竟如何？**如果是第一次被捉姦**，又沒有親友陪同時，一般正常人處於這種情狀下多半會惶恐、甚至驚魂未定，判斷力也會跟著下降；而且，在捉姦現場，羞愧或羞恥都來不及了，誰有辦法好好思考離婚協議書上寫的內容呢？

但如果是**偷吃慣犯**呢？那他最好自求多福啦，很有可能法院不會認為他具有主張暴利行為的要件，因為誰教他這麼有經驗呢！

1 離婚照離，只有撤銷賠償跟贈與的協議。

28 親愛的，我不花一毛錢就把保單升級了！

江湖老司機流傳自撞也可以獲得理賠的「暗黑兵法」，卻沒告訴你可能觸犯詐欺罪嗎？

一○三年間，曾有一名貴婦開著百萬BMW返家過程中，不慎自撞牆柱，導致車頭全毀，慌張的她向擔任保險員的好友李男求救，李發現貴婦保的是**「車撞車」**才有賠的**丙式車險**，於是便提議製造假車禍來魚目混珠，讓貴婦再去撞上李男的奧迪名車，這樣一來，保險公司就不會發現車損是自撞出來的了！

沒想到保險公司也不是吃素的，兩人企圖詐領90多萬保險金的做法還是被識破，保險公司還因此憤而報警控告2人詐欺！最終也因兩人都認罪，新北地檢同意給2人緩起訴，才免於牢獄之災。

民間車體險分為**甲、乙、丙**三大類，從名稱來看一般人根本不知道有什麼區別，甚至也有人買了保險卻根本不知道是在保什麼、什麼情況下可以用到？在這裡一次教你到會！簡單來說，**甲式的保障最齊全、丙式的保費最低！**然而具體到底差在哪裡？這就要細看保險條款才知道了。

甲、乙、丙式車體險到底差在哪？

從以上簡單的比較就可以發現，**丙式保障最少**，只保障車體碰撞（車碰車）的損失，也就是單純汽車間對撞、擦撞、衝撞的情況，所以價格也最親民，保費估計在5千～2萬元之間。

乙式則擴大碰撞的範圍，不限於車輛間的碰撞，也包含**擦撞其他物體**，比如腳踏車或輪椅，而且也擴大保障到火災、閃電、雷擊、爆炸等天災或事故，以及拋擲物如標槍、棒球、鐵餅等，上述貴婦自撞理賠，乙式就可以囉。價格較高，估計在2萬元以上。

最後的**甲式當然是最包山包海的**，在乙式保險之上再加上他人「**非善意行為**」，比如車子被刮花、被砸車，還有其他非故意行為造成的損失，比如因路面施工不良導致車子被路面彈起的水溝蓋刮傷，或是輾壓到尖銳物導致車輛爆胎的情況等等。由於尊榮服務，當然就有尊爵不凡的價格，**大概在6萬上下**。

只要車輛發生碰撞，丙式車體險都賠嗎？

丙式的車體碰撞，是指車子跟車子之間「**肉體直接的碰撞**」，所以像是車子碰撞完，引起失控再去擦撞護欄，到底算不算保險理賠的範圍，就是常見的爭議了！

除此之外，保險法和保險契約也會臚列「**除外事項**」，也就是不保的

	甲式	乙式	丙式
承保範圍	碰撞、傾覆、火災、閃電、雷擊、爆炸、拋擲物或墜落物、他人之非善意行為以及其他非故意行為造成損失。	碰撞、傾覆、火災、閃電、雷擊、爆炸、拋擲物或墜落物。	因與車輛發生碰撞、擦撞所致之損失。

*上述承保範圍尚須扣除不保事項，如戰爭、從事犯罪行為等情形。

事項，像是**故意行為**、**犯罪行為**等等，各家保險公司的條件也可能不同，所以投保時一定要看清楚、想清楚。

使用「暗黑兵法」，會有什麼法律責任？

開頭例子的貴婦，由於保的是最便宜的丙式，保險公司只接受理賠「車體直接碰撞」的情況，所以李男才會提議，不如就讓貴婦假裝是與他的奧迪相撞，這樣就落入丙式的承保範圍。

坊間其實也有許多人口耳相傳這個「暗黑兵法」，我就曾經聽過老司機跟我說：「你就自撞完，再找一台路上看不爽的車撞上去，就可以報保險啦～」

「喔齁～」我點點頭如搗蒜，並翻開筆記本默默記下來。

ㄟㄟ～不要誤會，這只是為了要放在書裡講有趣的生活法律知識啦！我自己是保有賠自撞的乙式喔！

但也要提醒，使用了**「暗黑兵法」**就相當於以虛假的車禍**「詐欺」**使保險公司給付保險金，如果被發現，可是會構成刑法上的**詐欺取財罪**喔；而且就算保險公司及時發現沒付錢，因為詐欺有罰**未遂犯**，所以施用詐術的兩個人還是會被移送法辦！

29 出借人頭也能發財？原來借名登記跟贈送出去沒兩樣啊！

實際上你不只是人頭，還一併拿到對方的財產了呢！

有些人會希望一切事物都在掌控之下，卻又不要真的端上檯面，就像是借名登記。

阿達欠一屁股債，雖然私下在八大行業工作薪資優渥，但他很怕哪天錢都被債主扣走，因此他買了一棟房子，但登記在他弟弟阿力的名下。

結果阿力某天開著帥氣的名車去找阿達吃飯，阿達問：「這台讚喔，你最近賺很多齁？」阿力回道：「沒有啦！我把我名下的房子賣掉，拿來買車了。」阿達大驚：「你說你名下的……房子？」

「對啊，我名下的房子阿哈哈。」接著阿力狂笑著把車子開走，只聽到後頭的阿達追喊著：「那不是你的房子啊！那只是跟你借名而已啊！」

有聽過借錢，沒聽過借人頭的，這有什麼好處？

因為有些財產必須要登記所有人（像是房子或是車子），而借名登記就是財產的所有權人與他人約定，將自己的財產登記在他人的名下，此時財產真實的所有人稱做**「借名人」**，而登記名義人稱為**「出名人」**，這種跟人家借名字來作為登記使用的詭異約定，就是所謂的**「借名登記」**。

一般人都會想要盡量把錢財攬在自己的懷裡，會把財產登記在他人名下，必定是有一些特別的目的，常見會出現借名登記的情況像是：

❶ **脫產**：如果一個人名下都沒有財產，卻欠了一屁股債，縱然債主最後獲得勝訴判決，法院也是沒有辦法幫你從債務人身上榨出錢來的。

❷ **逃漏稅**：將車子或房子登記在身心障礙者的名下，會有相關的稅賦減免還有停車費的優惠；又例如包租公為了避免自己的年度總所得達到最高的級距稅率，因此將不動產都登記在他人名下，這樣租金收入就不會算在他頭上，藉此就可以躲避繳納高額的稅款。

❸ **領補助**：大家或許也聽過有些人明明家財萬貫，卻可以領取低收入戶的補助，這通常也是因為他們將財產都登記在別人名下的原因。

登記給我的，就是我的！

問題是，登記名義人有什麼好處？除了信任和感情以外，有什麼誘因讓我願意把名義借給別人呢？沒錯，就是利益！

你可能很好奇，把名字借給別人要怎麼撈好處？先回到借名登記的法律核心來談，跟別人借人頭**辦理登記**，那麼財產有沒有**過戶**呢？

在我們的例子之中，阿達把房子登記在阿力名下，看起來阿達只是跟阿力借了他的名字使用，沒有要過戶的意思，但法院認為，你要借名登記給別人是你們之間的事情，從法律上來看**借名登記就等於**

辦理過戶，所以外觀上其實跟**買賣或贈與**是沒什麼兩樣的喔！

所以阿力在出名（出借人頭）之後，就已經變成**所有人**了，如果他把登記在自己名下（實際上是阿達所有）的房子賣掉，阿達是沒有辦法請求房子的買家把房子還給他的，也無法主張買賣無效！畢竟買家也是看地政機關的資料，確認過登記的所有權人是阿力，才跟阿力買房子的。

如果借名登記的借名人可以向買家請求返還房子，那麼市場上不動產交易都會處於不穩定狀態，任何一件不動產買賣隨時都可能會有人跳出來說：「阿！那個房子的登記所有權人只是掛名的人頭啦，我才是實際上的所有人，不好意思這間房子我沒有要賣齁，麻煩還給我～」這樣買家隨時都會擔心到底賣家是不是房子的實際所有權人，而不利於市場的交易安全。

因此，只要是借名登記的登記名義人將房子、土地賣掉的行為，**都是有效的**，實際上所有權人沒有辦法請求買家返還，只能向登記名義人求償囉。

但是要向登記名義人求償，並不是那麼容易的，因為實際上所有權人要先證明借名登記的關係存在，但是如果雙方沒有明確的書面約定，很容易登記名義人就會以各種理由來說這不是借名登記，像是阿力就可以說：「噢，那個房子是我們之前兄弟感情好，他送我的啦，不是什麼借名登記！」而這樣的主張，法院也是有採信的機會喔。

八、借名登記是合法的嗎？背叛別人會不會被關？

如果以借名登記方式來逃漏稅的話，會**違反稅捐稽徵法**而有刑責；而如果都快被法院強制執行的時候，還以借名登記的方式來脫產的話，雙方也都可能會成立**損害債權罪**。

如果不是以借名登記為脫產或逃漏稅的手段，只是單純的借名登記，也曾經有判決認為這樣的行為會成立**使公務員登載不實罪**。因為不動產於辦理所有權移轉登記時，都必須填移轉的原因，例如買賣、繼承等，但移轉登記的文件並沒有「借名登記」這個選項，而**借名登記勢必得辦理不動產所有權移轉登記**，此時移轉原因就會亂填，譬如填寫買賣，因此而成立使公務員登載不實罪。

但這種案例並不多，畢竟借名登記這種事情在台灣其實是滿常見的，雙方如果都沒有翻臉的話，你不說我不說，警察、檢察官或法官也不會發現，自然相關的判決就很少了。

借名登記本身雖然被提告刑事的風險不高，但如果是登記名義人背叛對方，讓對方的財產「歸me」，會不會有刑事責任呢？

案例之中，阿達和阿力之間既然有借名登記的約定，雖然要證明阿達和阿力之間有借名登記的約定很困難，可是一旦阿達能夠找出跡證讓檢察官偵辦，那麼阿力擅自把房子賣掉還拿錢去買名車，很可能構成刑法的**背信罪**哦！

什麼？你說為了幾千萬**坐3年牢**沒關係？嗯，沒關係，你自己決定吧！但刑事其實還有**沒收**、**附帶民事求償**之類的，不是坐牢而已，要自己評估一下啦。

30 哪有這種事！簽了和解書、把錢拿到手再提告也合法？

誰說簽了和解書就等於沒事了？小心這幾件事情沒做好會害死你！

阿智喜歡騎快車，自恃技術不錯的他總喜歡找人煙稀少的田野小路飆車。某天他騎在路上，瞄到前方不遠處有坨狗大便，為了不讓他的愛車弄髒，他在馬路上扭了一下車屁股，沒想到這一扭卻殃及正在路邊慢跑的阿嵐，害阿嵐直接摔到堆滿牛糞的田埂裡，自己閃過了大便卻害人吃下滿臉的～

阿智當下馬上跟阿嵐道歉，經過一番爭執後阿智承諾用1萬8千元和解，阿智也當下給了對方現金，並寫了和解書，上面記載：「甲方阿智應就車禍事件給付阿嵐1萬8千元，乙方阿嵐就此次車禍事件**拋棄一切民、刑事上之權利**」（網路許多制式和解書例都這麼寫的），沒想到車禍發生3個月後，阿智卻收到了地檢署的傳票！

到了地檢署，阿智才發現是阿嵐跟檢察官提告的，阿嵐**甚至跟檢察官說阿智並沒有給付1萬8千元給他**，讓阿智相當傻眼！

和解書是民事契約，刑事告訴權無法透過和解來拋棄

雖然司法實務上，很常看到記載類似**「拋棄一切民、刑事上之權利」**這樣的和解書，意思是承諾「民事請求權」跟「刑事告訴權」都要拋棄，但如果希望和解之後不要被對方提起刑事告訴，單單記載這樣的文字是沒有用的！因為「刑事告**訴權」根本無法拋棄啊！**

這要從和解書開始說起，「和解」是一種**民事契約**，它只能用來約定雙方的權利義務，比如誰應該給誰錢、誰應該拋棄什麼權利。但是「**告訴權**」是刑事訴訟法上的程序權利，必須另外按照法律的規定**撤告**才有效，所以不是和解書寫了拋棄或撤告，就會發生效力！更何況，**刑事訴訟法並沒有規定「告訴權」可以被拋棄！**所以提到了「刑事撤告」或「拋棄刑事告訴權」的和解，只有君子協議的功能，如果遇到了**無賴型**的對造，還是很有機會被搞東搞西喔。

案例中，阿智縱然和阿嵐簽了和解契約，上面也寫了阿嵐拋棄刑事告訴權，但如果阿嵐覺得不滿意、甚至覺得這個案件沒那麼單純，確實還是可以提起「刑事告訴」的！而且因為阿嵐是車禍當事人，面對車禍的責任歸屬如果有疑問，本來就可以提告而不用擔心有**誣告罪**的問題，所以這時候拿到錢又提告的他是絕對暫居上風的。

那可憐的阿智該怎麼辦呢？頂多只能把和解書提供給檢察官、法官，來表示他確實很有誠意要達成和解，作為**減輕責任的一個依據**；或是直接以阿嵐不履行和解內容為由，**催告、撤銷和解書並請求還款**，跟對方來個直球對決，但這麼衝動自己可能先頭破血流。

和解書沒有記載「領收」，很可能再被噱一筆

但是阿嵐為什麼會在拿了阿智1萬8千塊之後，還要假裝沒有收到這筆錢呢？除了阿嵐很卑鄙無賴以外，還有一個因素就是**和解書寫的不夠完整**！一般簽和解書的時候，如果有記載一方已經付了和解金給他方，那麼一定要在和解書上面記載對方有拿到錢這件事情（**一個簽收的概念**），否則和解書看起來只是雙方對於賠償的金額有共識，並不代表該付錢的人**確實有付錢了**！

開頭提到在阿智與阿嵐的車禍中，因為和解書上面沒有記載阿嵐已經拿到錢了，而且交付的現金非常不容易證明，如果是匯款還會有匯款紀錄，但如果是現金就只能祈禱監視器有拍到交錢的畫面，因此阿嵐賴皮說他完全沒有拿到和解金，阿智可能會一點反駁的辦法都沒有。

但是如果阿嵐與阿智的和解書上面有記載**「阿嵐於簽署本和解書之時，業已收訖阿智所交付之1萬8千元」**這樣的文字，那麼阿嵐就沒有辦法裝傻囉！或是將來他就得上法院說明，為什麼明明沒有拿到錢卻還要在有**簽收文字**的契約上簽名！

這樣搞以後誰還敢簽和解書？

傻孩子，要免除刑事責任的標準作法是……

雖然刑事訴訟法沒有規定告訴權可以被拋棄，但是刑事訴訟法有規定，已經提告過的案件，如果該案件已經**撤回告訴**（也就是俗稱的撤告），那之後**就不能夠再提起告訴**[1]。

所以說，有sense的律師來幫客戶處理和解事宜時，都不是單單只讓對方簽和解書而已！

如果雙方還沒和解之前，對方就已經提出刑事告訴的話，那麼通常要和解的時候，就會請對方在**「刑事撤回告訴狀」**上面簽名，**並交給被告刑事的這一方**去向地檢署遞狀，如此一來案件已經被撤回過，就無法再提起告訴囉，因為刑事訴訟法的規定是「撤回告訴之人，不得再行告訴」。

譬如前面的例子中，阿智是肇事者，被阿嵐提出過失傷害罪的「刑事告訴」，阿智簽了和解書並同意賠償給阿嵐，此時應該讓阿嵐一併簽署「刑事撤回告訴狀」，阿智拿到這份刑事撤告狀後，保險起見，最好自己去地檢署遞狀（如果讓阿嵐自己去遞，要擔心對方是否耍賴不遞）；遞出刑事撤告狀後，阿智才可以真正地免除刑事責任的風險。

但是如果是像阿智和阿嵐這樣子的例子，在阿嵐還沒有提告之前，雙方就想要達成和解的話，阿智可以**同時**讓阿嵐在**「刑事告訴狀」、「刑事撤回告訴狀」**上面簽名，再由阿智先後將書狀遞交給**地檢署**，這樣就等同是阿嵐提告過了，然後又就車禍這個案件本身撤回告訴，之後阿嵐就無法再提起告訴了，阿嵐想要一撈再撈的計畫也就泡湯囉！

1 刑事訴訟法第238條第2項：「撤回告訴之人，不得再行告訴。」

31 當個趕不走的房客，誰也不能隨便趕我走！

房東趕人時先別急著打包，搞懂法律規定跟租約，說不定連搬都不用！

當租屋族的真的心好累，找到適合的房子就已經很難了，就算有乖乖交房租，也還是會遇上五花八門的奇葩房東！就算房東還不錯，房子也終究不是自己的，房東說要重建、要收回給親友住、甚至要出售，我就要乖乖配合搬家嗎？誰來保護弱勢的房客一下好嘛！

房東可以隨時要求房客搬走嗎？

房東到底可不可以隨時要求房客搬走？涉及的是租賃契約**「終止」**的問題，但關鍵在於：租賃契約還有類型之分，所以房東是否可以隨時終止租賃契約，要看當時訂立的租賃契約，是否定有**租賃期限**來決定！

民法規定，有約定租賃期限的是定期租賃，**一般9成9的租約簽的都是定期租賃**，會有一個約定的期限，房東當然就不能隨時終止租約趕走房客，房客也不能隨便拍拍屁股就走人。（但即使定期租賃契約到期想續住又怕被趕，也有方法喔，下一篇會詳解）

BUT！事情永遠都沒有那麼簡單～

是的！上面說的民法規定，可以理解成是一個「大原則」，也就是無論你租的是什麼，大至房子，小至車子甚至生活用品，都有適用。

但是，租屋對於人的意義不同於租其他東西，也就是說，租屋深深影響著房客，身而為人的**居住權利**，甚至牽涉**人性尊嚴**，當然不能光用民法的大原則，就認為已經達到充分保障的程度了！這也是為什麼還要另外有**「租賃專法」**（原名為租賃住宅市場發展及管理條例）的原因。

要趕走房客有方法，但今天通知，要對方馬上就搬走，是要人家睡路邊嗎？

租賃雖然對房客而言意義非凡，但前提是房客不自己使壞，例如：毀損租屋處又不賠償、欠租2個月以上、擅自轉租當二房東等等，這種時候，房東可以用書面通知（通常會用存證信函）要求房客搬走，但法律有要求房東要提早30天以上的期間來通知。所以，就算允許終止租賃契約，房東也要給房客30天準備，也不能理解成是要「馬上」搬走！

畢竟是房客自己不好，這時法律如果還保障也太過偏袒，房東當然也沒必要跟你客氣！相反的假如你是個乖寶寶，按照約定使用房屋、也按時繳交租金，除非租約已經到期，而房東不續約，否則房東是不能夠隨便把你趕出去的。

就算租約約定房東可以在**租賃期間中**終止，也得要有租賃專法的正當理由，例如房東為了「重新建築而必要收回」（都更、危老而改建等等），這時因為房客沒問題，房東依法要給**「3個月」**的期間準備。

房東是「理由伯」怎麼辦？哪些趕走房客的理由是正當的？

假如房東理由一大堆，一下媳婦要生了、一下阿姨沒地方住、一下想重新裝潢改建，我要怎麼判斷哪些在法律上是正當的呢？

來來來～我們盤點檯面上比較常見的**正當理由，包括**[1]：

(1)承租人毀損租賃住宅或附屬設備，不為修繕或相當之賠償。

(2)承租人遲付租金或費用，達二個月之租額，經催告仍拒繳。

(3)承租人未經出租人書面同意，將租賃住宅轉租於他人。

(4)出租人為重新建築而必要收回。

另一個常見的理由是：**房東要出售房屋**。這種情況就要回歸適用民法了！民法中有所謂**「買賣不破租賃」**的規定，也就是為了保護承租人的利益，即使出租人在租賃期間中因為出售或其他原因，有移轉租賃物的所有權，都不會因此影響承租人，承租人不必搬遷。但要提醒的是，並不是所有的租賃契約都有適用，只有**「經公證的」**或**「沒公證，但租賃期限未超過5年」**的租賃契約才有適用！

所以，你現在知道當一個房客不要常常被趕走的關鍵是什麼了嗎？除了認真存錢買自己的房子、安分守己做一個好房客之外，好好簽訂一份租賃契約也是很關鍵的啊。

1 其實有兩個隱藏的理由：五、出租人收回自住（限不定期租賃）。六、承租人以房屋供違反法令之使用時（限不定期租賃）。但這兩個都是只有不小心變成「不定期租賃」房東才可以使用。

32 租約到期想繼續住，但不想漲租金？這麼做就對了！

租約到期趕緊繼續付租金，對房客超有利啊！

來台北工作租屋的阿明，之前和房東簽了1年的約，原本租約快到期了，想要回南部的他求職卻沒有那麼順利，暫時沒辦法回去。

阿明想說，反正租約到期了就裝傻繼續繳房租，打算一找到工作就跟房東說：「我不租了，掰掰～」沒想到租約屆滿後3個月，阿明新工作還沒找到，房東後先跟他說：「欸不好意思，這陣子就要麻煩你搬走囉～」阿明真的要搬走嗎？

阿明其實不用搬，因為現在是**不定期租賃契約**！

繼續繳租金，就等於簽一個凍漲租金的新租約

一般來說，租房子時都會與房東簽訂紙本的租賃契約，上面會記載租約期間、租金、房屋以及屋內檢附的設施等事項。很多時候或許是房東名下要操煩的房子太多（我也好希望有這樣的煩惱），而沒有仔細去注意各別房客的租約是否到期，房客也沒有提早決定搬遷，常常租約到期之後，房客就會繼續繳一樣的房租，也繼續使用房子。

此時房東與房客之間並不是沒有租賃契約存在，法律規定在租約期滿之後，房客繼續使用房屋，而**房東沒有即時表示反對**的話，雙方就會直

接成立「不定期租賃契約」。[1]

不定期租賃契約就是無限期租賃

關於不定期租賃，顧名思義就是「沒有定期限」的租賃，按照民法規定，原本不定期租賃是雙方都可以任意終止的，不過**租賃專法**另外規定，限制房東在**只有房客違約**（毀損租屋處、欠租超過2個月、違法轉租等），或者房東需要重新建築而必要收回，才有辦法終止租約，導致**房東很難把房子收回來**。

會這樣子規定是因為立法者認為，須要向他人租屋的房客，通常是經濟上較弱勢的一方，因此更需要法律上的規定來保障他們。若租約突然之間就被終止，房客會需要馬上奔波另行再找落腳處安身，同時可能還要應付自己的工作、家庭生活，但對於普遍較為富裕的房東而言，可能就只是1、2個月沒有房租收入的差別，因此法律才會這樣子規定，來保障需要租房子的人。

不定期租賃還可以「凍漲」租金！

不定期租賃契約除了前面所提到，房東不容易把房子收回之外，除非房客同意簽立新的租約，否則**房東是沒辦法調整租金的！**（但誰會自願被調漲租金呢？）一旦變成了不定期租賃契約時，形同**用原本的租約條件不斷繼續下去**，房東如果想要調整租金，就只能以不動產價值有提升為由，另外**向法院**

聲請，交由法院來判斷是否應該要調整租金；意思就是，房東想漲租金需透過法院來裁定，成本會變很高，當然就大幅降低機率啦～

所以說，整體而言不定期租賃其實是對房東非常不利的，對於房客則是利大於弊！因為接下來幾年房東都無法透過換約來亂漲租金，房客只要乖乖繳租金不搞破壞，就可以住好住滿，房東也不能隨便把你趕走了！

回到開頭案例的阿明，既然他聰明的在租約到期後又繼續繳租金，這時跟房東之間就變成了**不定期租賃**；所以說考考各位，房東這時要阿明搬走，阿明真的要搬嗎？不用！看完前面的小知識後就知道，這時應該換成房東要看阿明的臉色了～

1 第451條（租賃契約之默示更新）：「租賃期限屆滿後，承租人仍為租賃物之使用收益，而出租人不即表示反對之意思者，**視為以不定期限繼續契約**。」

33 遇到這種房東，勇敢拒付租金就對了！

房東不負責修繕、一直擺爛，房客拒付租金也是剛好而已。

在外面租房子的朋友都知道，要租到好的房子不容易，而在租屋時遇到房間電燈不亮、廁所不通也是經常會有的事情。通常怕麻煩的人都會自己修理，沒辦法自己修理的，才會請房東協助處理；但修理的義務是在房東還是房客身上呢？如果遇到比較大型的家具家電（譬如冰箱、冷氣、大門電子鎖）故障時，房東卻擺爛不修理，房客應該如何處理呢？

自己的房子自己修，房東的修繕義務

法律對於租賃關係中的**修繕義務**是有明確的規範的，在租約成立以後，承租人（房客）有繳交租金的義務，而出租人（房東）對於所出租的東西有保持**「合於使用、收益狀態」**的義務；簡單來說，當初說好是用什麼樣的狀態租給房客，房東就應該要保持那樣的狀態，讓房客可以使用。

譬如在看房子的時候明明電燈都很正常，但搬進去沒多久就壞了，這時候房東就有修繕的義務，也因此法律規定，除非約定房客需要自行修繕，否則原則上是房東負有修繕房屋的義務，即使**小如電燈**、**就算契約上沒有記載**也是一樣。

雖然說房東原則上有修繕義務，不過這並不代表房客就可以大肆亂用，甚至破壞承租的房子，法律上也有規定，房客必須小心謹慎的使用所承租的房屋，如果導致毀損，也是要負賠償責任的，另外房東的修繕義務僅限在所出租的**房屋或陳設**，並不包含房客自己帶來的或加裝的物品喔。

不修理東西，我就可以拒付租金

上面提到，原則上房東負有修繕的責任，但應該也有人會碰到有些不肖房東，當被告知出租房屋有問題時，不是皮皮的裝傻，就是挑明了不想負責，這時房客又可以怎麼處理呢？

如果房東就是擺爛不修，房客依法可以**「限期催告」**（一般會用存證信函，但如果使用電話、LINE也可以，但是要記得留下紀錄喔）房東修繕，如果房東在期限內仍然不處理，那房客可以自行請人來修，再向房東**請款修繕費用**。房東不給錢的話，房客這時可以選擇從租金當中扣除修繕費用，甚至可以拒絕給付房租，直至房東願意修繕為止。

遇到這種惡房東，我不租了行不行？

如果房客已經限期催告，而房東在期限內仍然不幫房客修繕，這時候民法的規定是房客可以**終止租約**，免得在這種僵局下，還勉強彼此繼續履行契約。

但在**二〇一八年租賃專法施行後**，想要「終止租約」須加上一個前提是：這個房屋須要修繕的問題

（瑕疵）會導致**房屋「未合於居住使用」**才算！意思就是一些比較重大的瑕疵，房客才能終止租約，譬如單純電燈壞掉房東不修理，房客是不能因此來終止租約的。

總而言之，如果遇到房東擺爛不修繕，房客也別害怕，因為房客在法律上其實手段很多，但切記無論是哪一種主張，**都一定要先通知房東**，房東不處理才能進行下一步喔。

34 房東都怕房客報稅，原來學會這招還能幫租金打折！

自住跟出租稅金差很大，善用這點好好跟嚇到腿軟的房東談判吧。

房東的美好想像：

「好不容易晉升成為包租公／婆一族，我一定要多收點房租，早點回本！」

「把3房2廳的公寓隔成7～8間小套房，不過分吧？」

「什麼？租賃所得還要繳稅？沒事啦，降點租金跟房客講好不要報稅就好！」許多房東都是這麼想的。

殘酷的現實：

是誰說當包租公婆多好賺啊？現在房客動不動租一半想落跑，房租繳沒幾個月就擺爛不繳，不然就要檢舉我逃漏稅、違法隔間，真衰！

從「自住」變「出租」，讓房東嚇到腿軟的稅金！

房東如將住宅出租時，「租賃所得」會被課稅（租賃所得稅，合併在每年度的綜合所得稅裡一起申報），而且地價稅與房屋稅也會比「**自用住宅**」（未出租時）提高不少，**房屋稅將提高2～3倍**、**地價稅則提高至5倍以上！**房屋轉手時，土地增值稅的優惠也拿不到！所以這下知道為什麼有經驗的房東都不希望房客報稅了吧？

另外要提醒的是，計算租賃所得稅時所說的「**租賃所得**」不等於是房東全部的租金收入哦！計算租賃所得的時候，是租金收入**扣除必要的費用**，剩下的淨收入，才是租賃所得！

目前有2種計算租賃所得的方法，第一種是直接用「財政部頒定的標準」來計算租賃所得就好，不用自己列出項目、也不用附相關證明。第二種是自己將可列報的，例如：房屋折舊、修理費、地價稅、房屋稅、產物保險費以及購屋貸款利息等項目，在租金收入中進行扣除後，就是租賃所得了。用第二種方法當然還要附上「相關證明文件」，用列舉實際支出的方式來申報。

只要房客把房租拿來報稅，房東就無所遁形了

是不是房東不申報有租賃所得，就不會被發現有在租屋呢？太天真了！房客可以將「**租賃費用支出」作為申報所得稅時的扣除項目**，如此一來就有很高機率被政府發現房東沒申報租賃所得稅。而且還不止這一個情況呢！如果房客有申請內政部的**租金補貼**，也很可能會找到「隱藏的」房東哦！

即使房東在租約中禁止房客申報租賃費用，或不准申請租金補貼，房客也可以搬出「住宅租賃定型化契約應記載及不得記載事項」的規定，裡頭提到**租約中「不得記載承租人不得申報租賃費用支出」**，即便房東有做這樣的約定，無論記在書面契約還是口頭約定，也仍然「**無效**」！意思就是**有約定跟沒約定一樣**（房東自己講心安的），被檢舉的話，還會被主管機關要求改正甚至可能面臨罰鍰喔。

想要房客配合？當然得先拿出誠意啊～

在法規的保護之下，房客就不處於絕對弱勢的地位了，而可以跟房東議價，衡量一下房東給的優惠到底合不合算？而且如果房東最後反悔或調漲租金，因為前面提到這種約定是無效的，如果打破了「君子約定」，房客基於正當權利行使，就可以去**申報租稅扣除額**。

甚至，有些人可能還會打算在拿到租金折扣後，再去申請租金補助或申報扣除額，打得是國稅局不會那麼快找上房東的如意算盤，趁這個空檔好好佔些便宜～

喂～折扣多一點，不然我要去檢舉了！

這裡要小心，房東不繳租賃所得稅，甚至是住宅中有違建的情形，房客雖然可以依法檢舉，但只能發生讓有關單位介入處理的效果，房客不能以此來要脅房東降低房租，否則很可能會構成刑法上的**「恐嚇取財罪」**哦！

因為法院在認定是否構成恐嚇行為時，不是以行為人恐嚇的**「內容是違法還是合法」**做為唯一的判斷，就算檢舉是法律所許可的，**但是房客趁機要求一個毫無關聯的法律效果，達到降低租金的目的，**已經偏離一般人合理談判的範圍，變相成為一種勒索，就無法被認為是正當的，很可能會構成「恐嚇取財罪」。

所以，可別因為學會這些檢舉的暗黑路數，就太膨脹囂張過頭了，法院也不是吃素的啦。

35 聽到房子要被查封了，趕快用買賣不破租賃小漏洞來阻止？

買賣不破租賃的保護，可以用來降低市場應拍的意願嗎？

阿杰這陣子找到一份工作，為了新工作租了一間公司附近的房子，簽租約前，他跟房東說願意多付一點房租，但他想要不定期的租約，避免自己一下子就被開除，還要被租約綁住。

沒想到試用期滿了，公司決定要把他留下來，剛好收到房東通知：「啊～我最近有聽到風聲，債權人要來查封這間房子，沒關係你繼續住，這樣將來**法拍的時候才有機會流標齁！**」阿杰雖然一時摸不著頭緒，但想著正好不用再找新房子也挺好的，不過法拍真的沒問題嗎？心中還是不免有些擔心。

買賣不破租賃，可以強迫新屋主成為新房東

一般來說，契約都只是兩個人的事情，對於契約當事人以外的人普遍是不生效力。就像網路購物，跟賣家A買了玩具，結果賣家A遲遲無法向上游商B叫貨，此時買家如果直接叫上游B出貨，大家一定覺得很荒唐吧，畢竟買家和賣家A的之間的買賣契約，根本不關上游B的事情。

但是在租賃契約時，雖然租賃契約是房東與房客簽約的，但如果房東在租約還沒屆滿的期間，就把房子的所有權移轉給另一個人，此時新屋

主還是有義務要把房子出租給原本的房客，這就是所謂的**買賣不破租賃**。只要是租約期間內，房子的所有權有移轉給其他人（贈與也算），就會有這個原則的適用，不一定是要買賣喔。

為什麼要有這個原則呢？是因為在租賃契約裡面，通常房客是經濟比較弱勢的一方，為了避免房客租約才進行到一半，房東突然說：「噢對了，我把房子賣掉了，麻煩你下周要搬走喔謝謝～」房客就必須要放下所有手邊的工作，來找下周要住哪裡都不知道的房子！因此法律上才要規定說在租約存續的期間內，縱然房東把房子賣給其他人，新的屋主也有義務要繼續將房子以**原本租約的內容**，將房子租給房客。

結果，買賣不破租賃被用來當作妨礙法拍的手段

一般的租約都有定期間，像是1年或是2年的租約，但如果是**不定期的租賃契約**或是契約期間超過5年的租約，是不會受到買賣不破租賃原則的保障的。

因為縱然是法院拍賣債務人的房子，買家也會受到買賣不破租賃原則的拘束，過去實務上常常有債務人欠錢不還，而且已經到了自己的房子要被法拍的境地，就會開始找朋友來假裝承租自己的房子，租約還超長！

因為這樣等於新屋主還要花時間或是成本收回自住，市場上普遍不想要，就很容易拍賣不出去。只要沒人來買，債務人也因此可以繼續保有這間房子。為了避免債務人拿買賣不破租賃原則來賴皮，修法之後規定不定期租約，或租期超過5年的超長租約，原則上沒有買賣不破租賃原則的適用。

至於開頭的案件，因為房東與阿杰簽的是「不定期的租賃契約」，就沒有受到買賣不破租賃的保障，一旦房東的房子被**應買**，新屋主是可以不認阿杰的租約，直接把人掃地出門的，阿杰也就真的要另外找地方落腳了。

除非，租約經過公證！

但因為法律的排除規定是為了防止濫用保護弱勢的買賣不破租賃制度，所以還在例外之外，又開了一個例外，也就是當不定期租賃契約以及租約超過5年的租賃契約，有經過「公證」的程序，透過公證人證明你們之間是真正的租賃關係，那麼就可以受到買賣不破租賃原則的保障了。

所以房東如果怕房子被法拍，應該趕快趁查封之前，重新再跟阿杰訂立長期租約，並且拿去公證，這樣一來買家很可能會PASS這間房子囉！

不過這樣做有沒有法律風險勒？其實只要是真心要出租的，當然就不會。但如果兩人都心知肚人這份租約只是用來卡拍賣程序的，也順利騙過公證人，會不會有刑責呢？

如果按照刑法的規定，因為公證人**有實際審查**當事人之間是否有租賃契約的權限，因此不會構成使公務員登載不實；而且2個人都是以自己名義訂立租約，也不會有偽造私文書的問題，看起來好像很安全？ㄟㄟ～我不是教你有漏洞就鑽！說是這樣說，但其實實務上很常發生在強制執行前出租房子，被債權人告**損害債權**的例子，雖然目前法院見解不一，但被盯上的話風險還是不少喔！

36 加入職業工會可以A勞保年金？

透過職業工會投保可以繳得少、領得多？！這麼好康的漏洞還不鑽起來！

二〇二〇年七月的一則新聞提到，依據勞保統計數據，職業工會投保人數雖然只有勞保總投保人數的五分之一，但是領取勞保年金總金額卻已超越一般受僱勞工。

只占五分之一的投保人數，領取年金總額竟然比占五分之四的一般受僱勞工來得多？這是什麼道理？一位不願具名的勞動部官員則向記者透露說，這是公開的祕密，只是沒有人敢攤開來談。

挖賽！那誰還要傻傻地跟著雇主保阿？當大家是白癡嗎？到底為什麼在職業工會投保的勞工可以領得比較多呢？

職業工會是什麼組織？

首先，職業工會就是某個結合相關職業技能勞工所組成的工會，並且以職業種類與縣市為單位，**一個縣市僅能有一個同種類的職業工會**，例如曾發起空服員罷工的桃園市空服員職業工會，在桃園市就只能有一個，只要是那個職業的勞工就能加入該職業工會。

不過，這裡要跟大家提醒一下，**工會跟公會**不太一樣，簡單來說，工會是為了勞工權益而存在的，而公會則是促進該產業發展而存在的，通常是**資方**的單位，兩個並不一樣，不要搞錯了。

什麼樣的情況會跟職業工會加保？

一般人都知道勞保是由雇主幫勞工投保，那到底什麼樣的人是投保在職業工會呢？最常見的就是沒有雇主的勞工，一般稱為**「無一定雇主或自營作業勞工」**，也就是經常於**3個月內受僱於2個以上**非屬勞工保險強制投保單位的人，因為他們工作機會、工作時間、工作量、工作場所、工作報酬等不固定，因此有在職業工會投勞保的需求。

另外，受僱在5人以下的小型公司時，因為法律上並沒有強制雇主要幫勞工**投勞保**[1]，這些勞工也可以在職業工會投保勞保。

能撈則撈！A勞保的真相大解密

從上面的敘述來看，聰明的讀者應該會發現，投保職業工會的勞工們應該不是多數？沒錯，事實上在職業工會投勞保的勞工，只佔了勞保總投保人數五分之一，但開頭的數據提到了所領取勞保年金總金額，卻超越了一般的受僱勞工，這是為什麼？

因為這些人多數沒有一定雇主或屬自營作業勞工，他們的薪資無法核實，主管機關也無從查核，**讓某部分的人長期都以「基本工資」投保**；等到要退休前5年，再開始逐年調高投保薪資。

而法律上規定計算老年年金時，是依照被保險人加保期間**最高60個月之月投保薪資予以平均計算**；因此，只要在退休前5年讓自己的投保額度提高，就可以讓自己退休後可以領取較高額的老年年金，遊走法律的漏洞來達到「繳的少、領的多」的目的。

哇！那我也要改跟職業工會投保

雖然在職業工會投保有這樣的好處，或者對某些人來說是個很好鑽的漏洞，但還要考量到如果透過職業工會投勞保，**不得由職業工會參加就業保險，若遇到非自願離職時，將沒有失業給付**；另外如果有育嬰需求，也無法請領育嬰留職停薪的津貼。

最重要的是，在繳保費時，因為沒有雇主負擔額，**勞工必須自行負擔60%**，有雇主幫忙投保勞保的勞工則是**只要負擔20%**，權益與保費上一來一往間就相差很多了。還有，如果透過職業工會投保，就必須自行提撥勞工退休金，否則將來退休後，也是沒辦法請領勞退的喔！所以投保在職業工會是不是真的划得來？真的不好說～

---

1 依據就業保險法的規定，即便是規模只有一名員工的公司，雇主仍然須要幫他們投保就業保險。但現實狀況中，多數小公司的雇主並不會這麼乖乖遵守就是了。

37 假掉卡、真斂財以遺失悠遊卡賺錢的方法～

其實不僅路邊的野花不能亂採，悠遊卡也不能亂撿耶！

每個人在生活中總是不免有「掉寶」的情況，除了雨傘、衣帽以外，比較貴重或具有高價值的物品，像是皮夾、信用卡等都是遺失清單上的常客。

對於使用台北捷運通勤的學生或上班族來說，掉悠遊卡絕對是人生少不了的經驗！根據北捷的統計，旅客一年光是在北捷內拾獲並交付保管的悠遊卡就將近6萬張，如果算上遺失在站外或是未交付保管的統計黑數，更是多得嚇人。

而在一〇九年就有一名黃先生，在新北板橋文化路上撿到一張華南銀行的信用悠遊卡，沒有拿到客服處招領，反而持卡到捷運及超商消費了數百元，後遭到員警循線查獲，最終因**侵占遺失物**被判處**3千元罰金**的刑罰。

原以為拾金不昧只是美德，現在看來，法律對於拾金不昧的人不僅鼓勵，對於那些據為己有的人，竟然也有處罰！那如果我假意遺失東西，再讓人撿去使用，不就可以透過刑事程序索賠了？

東西遺失了怎麼辦？

沒有人的物品，法律上稱為**無主物**，可以由拾得人取得**所有權**；但如果物品只是其他人遺失或遺忘的，這種情況這個物品只是「暫時」脫離所有人的掌握，並不會直接變成無主物，所以對於這種遺失的物品，民法另外稱為**遺失物**或是**脫離物**，要合法取得遺失物的所有權，並不是只有占有這麼簡單，而是另外要經過其他法律程序的。

按照現行民法的規定，拾得遺失物的人，有義務將物品交付給警察或是公共場所的管理機關供招領，而招領的程序在公告後會持續進行**6個月**，如果有人認領，拾得人原則上可以請求財產價值**10%以內的報酬**；相反的，如果期間內所有人沒有出面認領，拾得人才可以在**3個月內**領取並取得所有權。

當然如果不論財產價值，都需要按照這麼繁複的程序會造成機關很大的麻煩，所以如果財產價值在500**元以下**的遺失物，招領的時間會縮短至15天，15天內沒有人認領，拾得人就可以在1個月內領取囉。

那假設沒有經過招領程序，長期占有遺失物，有沒有別的辦法變成所有人呢？其實是可以的，因為民法另外有一套**「時效取得」**的制度，即便你明知為他人之物，只要和平（不偷不搶）、公然（坦蕩蕩）、繼續（不曾脫手）的占有**10年**，同樣也會成為所有人的，不過想要用這種方式取得遺失物，仍然會有**侵占遺失物**的刑責。

超爽，撿到悠遊卡惹～我還不刷光錢！

撿到悠遊卡、錢包或其他他人遺失的物品，如果沒有透過遺失物招領的法定程序，直接收歸己有使用，不僅違反拾金不昧的美德，還已經觸犯了侵占遺失物罪。刑法除了處罰偷竊、搶奪、強盜等，這類破壞別人對物品占有的行為以外，針對違反對特定物持有約定的侵占行為，也有處罰，當然也包括侵占遺失物在內。

所以只要是他人遺失之物，沒有透過民事遺失物招領的程序就自己占有，就會該當侵占罪嫌；不僅如此，如果想要用「以時間獲取所有權」的方式取得遺失物，在過程中也很有可能先被檢警查獲，而吃上刑責。

先讓你刷爆，我再跟你求償！

因此，開頭提到的黃先生撿到銀行聯名悠遊卡，這種一看就知道不可能是無主的東西，竟然起一時貪念進行數次的消費行為，很明顯已經有不法所有的意圖，而將遺失物據為己有，當然要為自己的行為付出代價囉！

除了記名的財產以外，悠遊卡不但有現金儲存的功能，又便於「消費」，很多人撿到也會基於貪小便宜的心態即刻使用，特別是有信用卡功能的卡片，所以這樣一來很容易就會被檢警人贓俱獲！

換句話說，也可能會有人假裝遺失悠遊卡，等到對方拿去刷卡了，再報警循線查獲，藉此逼對方和解吐錢，在時機歹歹的現今，可能不失為一個賺進被動收入的方法……「好囉，不要再想這些有的沒的了！」

Vol. 3

人生好難

網購、租屋、感情都能充滿算計啊?!

38 通姦除罪後，想多拿一點賠償費該怎麼做？

法律上，外遇的責任只剩下賠償精神慰撫金而已，請務必了解「剩餘財產分配請求權」！

連通姦都除罪化了，這難道是在鼓勵不甘心走入婚姻的人，可以更肆無忌憚的去拈花惹草、傷害家庭嗎？

歌頌愛情美好的電影和歌曲很多，我們都想要找到專屬於自己的那個人，但偏偏那個人身邊就是沒有位子了，所以你豁出去了、為對方勇敢擋下流言蜚語，心裡覺得你倆的愛特別有意義……ㄟㄟ！我不知道是誰給你的勇氣？但也許你該先了解一下**「越線」**的後果，再決定是不是要這樣下去喔。

通姦罪是婚姻的七傷拳，除罪化也是剛好而已

通姦除罪化，是指通姦的配偶和小三小王不會再受到**「刑法」**的處罰！也就是說，國家公權力不再干涉私人對自己的婚姻和配偶是否忠誠；但是，法律並沒有否定婚姻存續中，配偶應該負有的忠誠義務哦！也就是說，通姦配偶和小三小王仍然可能因為通姦行為承擔**民事責任**。

我們來看看**釋字第791號**，也就是大法官認為通姦行為不適合用刑法處罰的理由：首先，設置通姦罪，是為了防止通姦配偶和小三小王破壞合法婚姻關係，也就是要求配偶之間應該要負擔忠誠義務。但是，仔細想想，這種靠刑法維持的忠誠，就好像拿著菜刀架在對方脖子上，或

讓對方時時刻刻處在你的監視之下，這樣雖然留得住人，但心卻不在啊。

如果刑法這時繼續懲罰已經變心的人，在這種情況下，刑罰似乎就變成單純讓**原配發洩怒氣的工具了**。

其次，無論是什麼犯罪都仰賴證據的證明，那要怎麼證明通姦罪的成立？至少需要證明有「通姦事實」存在，也就是性器接合的那一個moment！這可是非常艱鉅的任務，因此促成了傳說中的家庭守護者（徵信社）的盛行。

通姦罪追訴犯罪的過程中，原配為了蒐集到性行為的現場影像，常常須要使用非法取證的手法，譬如竊錄、竊聽、侵入住居（破門）、強拍裸照等方式來蒐證，有學者指出，實務上的狀況是，**抓姦者所做出的犯罪行為可能往往比通姦行為更加惡劣**。

正是基於以上的原因，大法官認為：通姦罪的處罰不僅過度侵害了隱私權，更無法幫助你挽回另一半，只產生損人又不利己的效果而已，所以宣告通姦罪違憲，也就是將通姦除罪化。

通姦行為就只是單純違反婚姻的忠誠義務

被害配偶可以向通姦配偶跟小三小王依據**「侵權行為」**的規定主張**「損害賠償」**。因為，通姦被認為是配偶一方的不誠實行為，侵害他方因婚姻契約所生「共同生活圓滿安全及幸福」的權利**（配偶權）**。針對配偶權的侵害，除了財產上的損害賠償之外，更重要的其實是非財產上的損害賠償，也就是可以請求**「精神撫慰金」**。

另外，侵害配偶權的民事責任也和通姦罪的處罰不一樣，不是只有通姦行為才可能承擔民事責任哦！只要逾越男女一般社交正常行為，且行為已超過一般社會的容忍範圍（譬如外出過夜共住一室、街頭擁吻等），即便沒有抓姦在床，都有可能被認定是對配偶權的侵害。

當然，是否構成侵權還要看你有多過火！哦不是，是看法官心裡的那把尺啦～

至於**侵害配偶權到底要賠多少**？實務上也沒有固定標準，是由法官參考當事人的身分、職業、社會地位、教育程度、財產、經濟狀況、被害配偶的精神痛苦程度、外遇情節輕重程度及其他各種情形，來決定賠償數額。但只能說一般情形下判賠幾萬元到1、20萬算是常態，多數落在50萬以內，要判賠破百萬的案件是非常少見的。

所以只能要到少少的賠償金嗎？

錯了！能請求最大筆的金額叫做**「剩餘財產分配請求權」**。

雖然前面提到賠償金額往往只能請求幾萬元頂多數十萬，乍看之下似乎對於犯錯的人根本不痛不癢，但原配其實還有另一個求償的法寶**「剩餘財產分配請求權」**。

原配如果想要請求到更多的金錢，通常必須要**提離婚**，並且主張剩餘財產分配請求權才有辦法。因為配偶的這個權利，最高可以主張結婚後到離婚前，**所有現存婚後收入的一半**。

舉例來說，譬如某人在結婚4年後，前夫一共賺了1千萬，然後在要離婚那一年，這些賺來的錢還剩4百萬，假如原配都沒有任何婚後的收入（如果有的話要扣掉現存的），依照法律的規定，原配可以主張2百萬的剩餘財產分配！同樣的道理，假如跟一個富二代結婚，富二代4年賺1億、離婚那年存款4千萬，就可以請求2千萬。

你應該可以發現，如果真的希望透過訴訟獲得多一點金錢，對於已經失和的怨偶來說，主戰場其實是在離婚後的**剩餘財產**，婚外情的賠償金，頂多只能算是零頭而已！

通姦都不犯罪了，還會成為離婚事由嗎？

當然！既然都有人不忠在先了，離婚也只是剛好而已，因此民法也規定了，夫妻一方與配偶以外之人（小三小王）合意性交（通姦），他方得請求法院裁判離婚。

只是要注意！被害配偶應該沒有「事前同意或事後宥恕」，且應該在「知悉」通姦事實**6個月**內，趕緊請求離婚；那如果一直被蒙在鼓裡不知道另一半在外面偷吃怎麼辦？那最慢要在通姦事實發生**2年內提出離婚**才可以喔！

所以，如果是自己先同意對方去玩玩沒關係，或是事後曾寬宏大量跟對方說：「沒關係，我原諒你！」結果後來自己越想越氣才想著要提告……這些情形都沒有辦法請求離婚哦！

總結來說，這種情況下裁判離婚的話，除了請求**剩餘財產的分配**、因判決離婚而陷於生活困難的**贍養費**之外，於離婚是對方的過失造成的，所造成的**精神損害**也能向對方請求**慰撫金**哦！

所以不管怎麼看，通姦雖然是除罪化了，但民事責任的部分，應該還足夠讓想偷吃的人三思而後行吧？

39 網購發生的糾紛怎麼辦？報警有用嗎？

買家可以提消費訴訟、消保官申訴、消費爭議調解委員會申請調解；賣家也不是只能乖乖聽平台的話……

網購平台大多都設置了退換貨機制，似乎直接擔任起買賣雙方有爭議時的「裁判」。但是，真的是平台說了算嗎？賣家可能會說，網購平台為了留住買家，都傾向支持退貨或退費，反正也不是用他們的錢！買家可能會說，網購平台跟賣家都一樣漠視消費者啦，看準我們不會為了一點錢浪費時間跟他們吵，就處理的超慢，慢到我放棄，他們就贏了！

平台說退貨或退費，賣家就一定要照辦嗎？

平台又不是法官，當然不是正式的爭議解決管道囉！**即使平台先將費用退還給買家，賣家認為不合理，仍然可以提出調解或訴訟爭取該有的權利**；同樣的，買家如果在向平台申訴之日起15天內，沒有得到平台的回應，或是不滿意處理結果，除了可以直接向法院提起**消費訴訟**外，還可以向直轄市、縣（市）政府之**消保官**提出申訴；如未獲回應或不滿意結果，就可以向直轄市、縣（市）政府之**消費爭議調解委員會申請調解**；如果調解不成立或未獲妥適處理的話，仍然可以再提起**消費訴訟**！

報警有用嗎？

遇到網購糾紛可以直接報警嗎？會不會快一些呢？老實說，這確實是目前很多人的做法，因為報警的好處在於速度快，尤其是針對把不知名、根本不知長相的網友「找出來」這件事情上，台灣的公家機關基本上沒有人比警察還厲害，所以很多人常常會把網拍糾紛說成是**「詐欺罪」**、**「侵占罪」**、**「間接毀損罪」**之類的來去警局堅持報案。而且隨著時代進步，警察也很害怕被說「吃案」，於是即便知道這個網拍糾紛將來不會構成犯罪，但還是會盡力幫你把人給找出來！

說到底，其實極大多數的網拍消費糾紛，都只是**民事**爭議，根本不構成犯罪，這時用「報警」加上提出「刑事告訴」的方式，走到最後往往也是花了一堆時間被檢察官打槍、做出不起訴處分而已。

但要說報警完全沒效嗎？倒也未必！因為很現實的是，無論買家還是賣家，只要其中不爽的一方報警提出刑事告訴，**警察受理後便會發出印著某某警局名義的「通知書」到對方家中**，對於一般沒上過法庭的素人來說，可能嚇都嚇壞了，很多人便會利用這樣的方式嚇嚇對方，促使對方出面好好談，因此讓對方退讓達成和解也是很常見的喔。

所以說，報警提告刑事可行嗎？結論是，得看你的對手是誰，如果是個有點文化、不怕收到警局或地檢署通知的人，報警真的沒卵用；但如果對手看來就只是個情緒化且不擅長動腦的傢伙……嗯，我就只能幫到這了~

調解申請很麻煩？線上把資料 key 好送出去就申請完成囉~

由於網路買賣的糾紛實在太多，如果通通送到法院或調解處絕對會大塞車，所以**行政院的消費者保**

護會直接設立了線上「申訴」的機制，讓民眾可以快速完成「申訴」。流程上是先向**地方政府的消費者服務中心提出第一次申訴**，如果對結果不滿意，可以繼續向**消費者保護官提起第二次申訴**，這二次「申訴」都是透過線上就可以完成。

線上「申訴」過後，主管機關便會發函給賣家及購物平台商（例如yahoo拍賣、蝦皮）要求妥善處理，實務上有不少消費爭議會在這個階段解決，畢竟知道有政府在關注這件案子時，賣家多少還是會願意做點退讓。後續如果真的還是無法達成共識，那才會需要另外向直轄市、縣（市）政府的**「消費爭議調解委員會」**申請**「調解」**，也可以直接到法院提告。

最後想提醒的是，上面提到這種線上申訴的機制，只有**「消費者」**可以提出，廠商和賣家沒辦法用網路方式做申訴喔！

那如果是賣家被消費者欺負時，該如何是好呢？這部分就是回歸一般私權糾紛的處理方式，賣家可以自行向**法院或鄉鎮市公所**提出調解的聲請來設法解決問題，一樣也是相較簡便省時的方式。

如果賣家還是想省點時間或力氣？那就是賣家得要在事前與消費者的購物「契約」（譬如違約金、消費者權益事項、賣家責任分配）規劃上面多花點心思，才能在發生爭議時盡量減少損失喔。

40 ㄟ不是~7天鑑賞期都給你玩壞了！

網路賣家都在罵：「7天鑑賞期養出一堆奧客」，這是真的嗎？

瞎咪！這個會勾引別人犯罪的豹紋內褲不能退？這個吃起來太甜的餅乾也不能退？這個氣炸鍋炸的雞塊還比不上肯老爺的好吃，不要了也不行？奇怪，明明有在收到貨7天內申請退貨啊，到底哪裡出問題惹？

「7天鑑賞期」是消保法的一顆無敵星星！

相信大家都有聽過「消費者保護法」規定的7天鑑賞期（比較正確說法稱為**7天猶豫期**），但並不是所有的買賣都有適用哦！依照消保法的規定，只有「通訊交易」或「訪問交易」的消費者可以主張，例如跟賣藥電台、電視購物頻道或是網絡購物等，都屬於通訊交易的範圍；而「你聽過安麗嗎？」這種沒有一點點防備，也沒有一絲顧慮，你就這樣出現~（閱讀時請自備BGM）的**路邊攔人銷售法**、業務員推銷起手式，原則上也是屬於訪問交易的範圍。

之所以賦予7天鑑賞期的保護，是因為考慮到在這兩種情況下，不像實體交易的消費者一般，可以看到產品本人；再以推銷式的訪問交易的特性來說，消費者常常因為事發突然，一時頭昏昏腦脹脹，沒有多考慮就直接買下去了！為了避免處在這種情況的消費者，買到不合適或是不需要的商品，於是就特別讓消費者在收到商品或接受服務開始的7天內，可以把之前沒考慮的都考慮回來，再決定自己的finalanswer！如果真的覺得不需要，不需理由也不用付費，就可以把商品退回或取消服務嘍！

這麼好用的東西，我不就可以免費爽爽用它個7天再退？

雖然網購有7天鑑賞期的適用，聽起來很不賴，但你真的懂「鑑賞」的意思嗎？**千萬不要把鑑賞期理解成試用期了**！你想想，公司試用你一天都要付薪水了，豈有平白無故讓你用別人東西7天還完全不用給錢的道理？簡單來說，**鑑賞根本「不等於試用」**！

假如你網購了一台氣炸鍋，收到後就馬上拿來炸雞塊，看好不好吃？或是買保養品來擦擦看，是不是真的很快就白回來？……這些行為其實都超過鑑賞的程度，變成試用了！這是不行的喔，別再亂搞7天鑑賞期了。

所謂鑑賞，目的是要讓你**「檢查」**一下，例如：零件、配件有沒有少？或是外觀有沒有明顯傷痕之類的，而不是要讓你用好用滿！所以，只有合理的檢查才是鑑賞，才能適用7天鑑賞期要求完整退費喔！

純看不用，就可以退了嗎？

其實7天鑑賞期還跟你買的商品性質有關，不是所有用網購買的東西都可以適用！像是**易腐敗、保存期限較短或解約時即將逾期**的產品就不適用，像生鮮食品或植物都屬於這類。比如買了一束花要送女友，賣家計算了一下運送時間，挑了大約在收到一天後開花的寄出，結果你突然想起喜歡紅色玫瑰花的是前女友，新女友喜歡的是粉紅色，因此決定要退貨！**你說說，你不是奧客到底誰是嘛！**

其他像是：**依消費者要求所為之客製化給付**（比如已經繡上你名字的衣服，你不要了能賣給誰？**代購業者可以拒絕退貨**，也是因為這個原因喔）、內容**有時效性**的報紙、期刊或雜誌；經消費者拆封之影音商品或電腦軟體（說不定你都看完內容，還順便把遊戲過關了、電影存檔了）、已拆封之**個人衛生用品**（真的不知道你用過了沒有，不好說！）、非以有形媒介提供之**數位內容**或一經提供即為完成之**線上服務**，且經消費者事先同意始提供、還有**國際航空客運服務**（簡單來說就是，事情都幫你辦完了，結果你不要了？都給你載到目的地了，結果你要回來？）總的來說，如果上述情況還能適用7天鑑賞期，會造成對賣家非常不公平和過多損失，所以才設置了這樣的例外。

如果買的是二手商品，也可以有7天鑑賞期嗎？

網路上很多人認為「二手商品」並不適用消保法7天鑑賞期，其實這理解不太正確喔！這問題需要看的是賣家的賣場類型：如果賣家是**一般民眾**把自己不要的東西**偶爾**上網賣掉（個人賣場評價數、交易紀錄通常少少），那這類業餘賣家賣出的東西，確實不適用7天鑑賞期；相反的，如果賣家就是經營**「跳蚤市場」**、**「二手專賣店」**，那這種賣家賣出的商品，就依然有消保法的7天鑑賞期適用喔！

為什麼會這樣呢？因為消保法7天鑑賞期的規定，適用的賣家對象必須是**「企業經營者」**！也就是要以**「賣東西為業」**的賣家才有適用，一般人上網偶爾賣個東西，目的不是在經營賣場、賺取利益，是不會被解讀成為「企業經營者」的喔。

算不算例外商品，賣家你自己要先說！

法律規定除了商品具有上述性質外，**還需要賣家的告知**，才能排除7天鑑賞期的適用。為什麼需要賣家告知呢？原因在於某些商品對買賣雙方來說，是否具有上述性質，其實還蠻分歧的，例如**已拆封之個人衛生用品，就是爭議的重災區之一**！

像內褲、內衣這種很貼身的商品，屬於個人衛生用品沒有問題，但瑜珈墊呢？有人會介意別人的腳踩過，有人覺得那地板瓷磚豈不是也算是衛生用品？如果腳碰過就算，那手碰到也有人介意怎麼辦？所以在購買時，一定要好好的瞧一瞧商品是不是有寫：**「此商品屬於某某類，所以排除7天鑑賞期」**的說明哦！

此外，這裡所謂賣家**「事先告知」**消費者屬於例外商品的這個法律要求，解讀上要具體說明到底是屬於**「通訊交易解除權合理例外情事適用準則」**中所規定的哪一類**（參閱註釋1，總共只有7類可以選）**，不可以只是概括說「本賣場一概不接受退貨」、「非瑕疵不接受退換貨」，這樣是無效的喔！

那假如賣家沒有先說明，依據法律的規定，這就不算是例外商品，那是不是代表說，買家就可以退還那件不合穿的內褲？欸不是，拜託不要這麼不衛生！這種情況就算給你鬧上了法院，也是會被用違反誠信原則被駁回的啦!

到底哪些是屬於消保法的例外,不適用7天鑑賞期呢?

前面講了這麼多7天鑑賞期的原則跟例外問題,最後補充一下法律上所提到不適用鑑賞期的商品或服務,一般民眾常碰到的究竟還有**哪幾類**[1],各自例子又是哪些:

❶ **易腐敗、保存期短**:鮮花、水果、食品、即期零食等。

❷ **客製化給付**:買家下單賣家才去訂購之產品(典型就是「代購」)、依照買家要求訂製之商品、有刻字、繡字、相片印刷等私人訂製之商品。所以下次下單購買時,看到可以客製化代為刻字別太開心,另一層意義就是刻完你就不能退貨了啦~

❸ **個人衛生用品**:襪子、帽子、泳衣、性感睡衣、Nu bra、絲襪……等,基本上都可能構成,但個人衛生用品**不能退貨的前提是「已拆封」**,所以如果沒有拆封,還是可以退喔。

❹ **報紙雜誌**:總不可能網路訂了今天的報紙,隔幾天退回去吧?是要再賣給誰?

❺ **非以有形媒介提供之數位內容或一經提供即為完成之線上服務**:譬如有些線上翻譯的App或聽音辨識APP服務,你使用完也不會有記錄,退貨後這些享受到的利益也還不回去;又或者線上遊戲買來,不到7天就玩破關才說要用消保法的鑑賞期退貨!有沒有這麼奧啦!~

1 通訊交易解除權合理例外情事適用準則列出7類，規定是長這樣的

一、易於腐敗、保存期限較短或解約時即將逾期。

二、依消費者要求所為之客製化給付。

三、報紙、期刊或雜誌。

四、經消費者拆封之影音商品或電腦軟體。

五、非以有形媒介提供之數位內容或一經提供即為完成之線上服務，經消費者事先同意始提供。

六、已拆封之個人衛生用品。

七、國際航空客運服務。

41 賣家必看，反制退貨仔！用合法的收費來卡奧客就對了～

7天鑑賞期雖然是無條件解約，但收取「整新費」卻是合法的哦！

前面我們說明了**「鑑賞期」**不等於**「試用期」**，相信應該也會勾起不少人買網拍時的記憶，以前的網拍賣家總說：「拆封視同購買，不能退貨。」現在的賣家則說：「七天鑑賞期非試用期。」更說：「拆封後退貨要收整新費！」為什麼會有這樣的差別呢？當然跟我們法院和主管機關的見解有關囉～

近年來，買家愈來愈搞怪，我們也只好學著嚇唬一下他們

「7天鑑賞期指的是猶豫期而**非試用期**喔！商品須在完整、未使用狀態且可還原包裝才能進行退貨。因此，若賣家遇到買家退貨商品有使用痕跡或需酌收費用才可還原的情形時，賣家可與買家協調商品整新費用等必要支出，不受限無條件退貨之規範。」上面這段是**蝦皮拍賣**官方對於消保法鑑賞期的解釋。甘阿捏？這樣有說錯嗎？在講整新費之前，我們先來看看賣家最在意的**「回復原狀」**的問題。

包裝不也算商品一部分，拆掉了怎麼能不負責？

我們可以理解賣家只是做一點小本生意，利潤不高，如果還遇上動不動就退貨的買家，那真是欲哭無淚！所以賣家常常希望透過「包裝如有

毀損，就不得退貨」的描述，一方面降低買家退貨的意願、一方面促使買方在收到物品後或檢查時，不要太過暴力，就算退貨也要留全屍（？）的概念！但是~真的可以因為包裝的毀損就拒絕退貨嗎？

買家說：「法律規定我有7天可以猶豫，不拆開我要怎麼確認是否行使我的**解除權**勒？當我會通靈是不是？」

所以說，所謂的鑑賞期，當然還是允許消費者拆封來確認，**消保法施行細則第17條**就規定了：「消費者因檢查之必要或因不可歸責於自己之事由，致其收受之商品有毀損、滅失或變更者，本法第十九條第一項規定之解除權不消滅。」意思是，單純拆封後，**還是可以在7天內解約（退貨）**。

既然這樣，賣家就把包裝成本移轉給消費者，來「卡」一下他也好。

「整新費」這詞雖然沒出現在法律中，可是民法「解約」的規定提到，**雙方都有「回復原狀」的義務**。目前法院跟主管機關的見解便是認為，如果消費者在破壞外包裝後，賣家確實可以主張重新包裝的必要費用，因為買家要把商品**「回復原狀」**到剛收到商品時的狀態才行。

行政院消費者保護委員會消保法字第1000004336號函釋就曾提到（節錄）：「消費者依消費者保護法施行細則第17條規定，其解除權雖不消滅，然商品若有毀損或滅失之情形，消費者於行使解除權時，對於企業經營者仍應依**民法第259條第6款**規定，就商品之毀損或滅損而減少之價值，按比例償還其價額。」

欸~法律沒說能收多少，那我整新費還不收多一點！

雖然可以酌收整新費，但具體整新費金額是多少，也不是任由賣家漫天喊價的，必須符合回復原狀的要求。除了整新費之外，不適用7天鑑賞期的商品（譬如前面提到的內衣貼身衛生商品），賣家願不願意提供退貨的服務，以及在手續費和運費等部分由誰來負擔，**就只能依賴買賣雙方協商**，不過用膝蓋想也知道賣家通常都會拒絕啦，要不是法律強制規定，哪次不拒絕！

42 還在擔心7天鑑賞期？網拍賣家符合這一點可解套！

只要不被認定為「企業經營者」，就算是網拍也不會有7天鑑賞期喔！

「超煩的，都說了是轉售、二手，售出不能退，竟然跟我扯什麼7天鑑賞期，好誇張哦！」、「我都寫了『剪吊牌不退』，是看不懂字哦？」許多賣家遇到盧小小的買家時，總是恨得牙癢癢的！

只有以網拍為業的人，才需要煩惱消保法的7天鑑賞期

7天鑑賞期源自於消費者保護法的規定，而消費者保護法只適用於「消費者」與「企業經營者」（B2C）之間的交易。所以就算是網拍，**也要看業餘賣家是否屬於「企業經營者」**，才能來決定到底商品有沒有7天鑑賞期可以主張。

在消費者保護法中規定了企業經營者的定義，是指「以設計、生產、製造、輸入、經銷商品或提供服務為營業者。」簡單來說，**不要看到「企業」2個字，就認為只有「公司」之類的商事組織，才屬於企業經營者哦！**

就算業餘賣家你本人只是一介草民，只要**持續、經常性或反覆的**銷售商品，就有可能被認為有營業行為，是企業經營者！舉例來說，雖然你有固定的工作，但深受斜槓青年的精神感召，在工作之餘也在網購平台賣自己代購的商品，這樣的日子持續了一陣子，不要懷疑！你極有可能已經成為一位企業經營者，你在網購平台上賣的商品，也有受7天鑑賞期的規範啦！

假如你只是**偶爾**用網購平台賣出自己不需要的東西，也就是俗稱的賣二手，那就不是營業行為，也不屬於企業經營者啦！恭喜你~但是，如果你**常態性地賣二手**商品賺錢（譬如跳蚤商場）、不斷低價收購別人的電器、腳踏車或書等等，再銷售出去，那依然是企業經營者！

所以是不是企業經營者，**跟你是不是公司、商品是二手還是新品、是主業或副業，甚至有沒有營利，都沒有關係哦！**只要你是持續、經常、反覆的銷售行為，都可能構成企業經營者，販賣的商品也就有7天鑑賞期哦！

企業經營者的認定也太寬了吧？

身為剛起步的網拍小賣家可能會想，這認定也太寬了吧？這樣幾乎大家都是企業經營者了啊，明明營業額才一點點，都還不到稅籍登記的程度，這樣也跟大企業、大賣家一起受規範，是否太不公平了？

只能說，這真的是兩件事喔，消保法的保護著重在保障消費者權益（譬如7天鑑賞期等），因此法條是最寬鬆的，所以只要反覆賣東西以此獲利作為一種職業，就要受規範；至於國稅局怎麼課稅、或者疫情的紓困方案補助到誰（只針對有開發票的商家），這是另外2個政府單位的政策決定就是了。

看完說明還是滿腹委屈？沒關係，看看下面的小撇步有沒有可以學習的地方。

把自己包裝成網拍素人，從源頭杜絕7天鑑賞期就OK了！

假如你成功把自己包裝成網拍素人，包括：**化整為零，使商場的交易量減少、產品類別繁雜，讓人相信你只是偶然出售物品等**，相比大型賣場，就可以迴避掉7天鑑賞期的適用，你也可以銷售時明確告知消費者（告知方式請看前二篇），確實消費者就不能用7天鑑賞期當作退貨依據！但是這一招也只能用在真的超少量交易或是出清用不到的人身上，如果你事實上是經常性從事網拍的人，還是很難為了規避法條而用這招減少獲利的。

而且，不適用7天鑑賞期也不表示消費者就無從主張退貨哦！先前就有提過，出清品跟NG的瑕疵商品不同，所以說如果賣的東西有瑕疵，即便賣家不是企業經營者，但買家依然還是可以依照民法上的**瑕疵擔保**規定來主張解約跟退貨。

如果你左看右看都覺得這個買家就是在硬拗，索性冷處理、不讀不回覆，你有這樣的心態，其實網購平台都知道！網購平台都設有處理機制，讓買家可以提出退貨申請，當平台收到申請以後，便會通知賣家並要求在一定時間內回覆；如果不回或未在時間內回覆，平台多半就會讓買家退貨了，畢竟7天鑑賞期太好用了嘛。

如果想不到好理由阻止買家退貨，也可以試著把本篇的資訊整理之後回覆給商場，告知我只是個偶然出清手邊物品的老百姓，搞不好就真的讓你強渡關山了呢！不過，除了法律之外，賣場通常也會有自己的退換貨標準守則，即使你符合法律的規定可以不提供退換貨服務，也別忘了要看清楚平台的規矩！

國際耗盡原則

43 同業相殘！眼紅別人網路代購生意好，直接檢舉就對了？

代理商是花錢取得正宗授權的耶！素人代購根本就是擋人財路，已經涉及違法了！

下個月要到日本玩，好興奮！不知道該買什麼好，我就po文問朋友，結果好多人請我代購一堆東西回來……好！那我來乾脆來開個團好了，反正都要去跑腿了，順便看看現在都流行什麼小物，直接買回來賣！

許多人便是這麼做（**俗稱跑單幫，帶水貨**），想說還能賺回旅費，然後……可能就被檢舉了！要求你不得販售，搞半天才發現原來都是**台灣的代理商**在檢舉！為什麼？自己帶一些貨回來加減賣，又不是多大的規模，到底跟代理商有什麼關係？

你以為你只是小小代購，但其實可能已經違反「智慧財產權法」了！

假設你代購的是M牌的睫毛膏，**睫毛膏本身是物**，所以公司製造出睫毛膏成品的時候，就擁有**睫毛膏的所有權**，當睫毛膏陳列在商店中販賣，被你選中，你去結帳，完成後，睫毛膏的所有權人就變成你了！你可以自由的塗、可以拿去丟掉、可以跟朋友說：「用一次一百塊！隨你用！」

除了所有權之外，**睫毛膏上其實還附有其他權利**，例如：**商標權、專利權或著作權**。舉例來說，你為什麼要買M牌的睫毛膏？明明市面上還有很多睫毛膏可以選擇！可能因為M牌是老牌子信用好、使用了愛地球配方，不會污染環境或是因為有跟設計師合作推出聯名款……等，甚至你就是衝著睫毛膏上的可愛貓咪圖案去的！**這些你看重的部分是智慧財產權**，而非睫毛膏產品本身！

還是很難懂？沒關係，那你就先想像**商標像是一張貼紙（代表特定品牌）、專利是配方、著作權是罐子上的可愛貓咪圖案好了**！

代購就是賣「水貨」，搶人生意也佔代理商便宜

代購，俗稱的「水貨」，對應到法律的專業用語叫：「**真品平行輸入**」，就是將「真品」從國外市場帶回國內市場銷售。為什麼會有這種國內、國外市場的區隔，商品在哪裡賣有差嗎？

當然有差阿！商品在A國賣，就是A國的代理商砸錢買廣告、鋪貨與各通路商談如何銷售跟拆帳、提供保固等等；在B國賣，這些成本就換B國的代理商來支出。所以如果A國因為某些原因（譬如該地消費水平比較低）同商品賣得比較便宜，有人就從A國帶東西來B國賣，就會對該商品在B國的代理商造成一定的損失。

譬如睫毛膏公司設在日本，那台灣代理商就可以想像成是日本公司在台灣的「分身」。要成為代理商可能很競爭，需要交**高額權利金或被高抽成**才能獲原公司同意在台灣販售；另外代理商還要**交進口**

稅、營業稅等，甚至為了推廣這支產品，而不惜砸下重本請明星代言、打廣告！這些都屬於代理商販售睫毛膏的成本，當然也會反映在睫毛膏在台灣市場的售價上啦！

從商業的角度來看，這是一種銷售上很正常的情形，所以常常可以見到商品上有**「僅限某地區販售」**的字樣。說了這麼多就知道跑單幫的代購者為何常被代理商盯上及檢舉了，當然也就是上面這層考量造成的囉！講白了，還是跟錢錢以及利益有關，代理商最眼紅的就是代購業者，用這種比較便宜的價格（省去上面所有廣告、通路、稅務、代理權利金等成本）來市場上販售，這種在代理商眼中所謂「搭便車」的行為，是很要不得的。

多數的情形，代購業者在把商品輸入台灣時，沒有被海關課到進口稅、代購的所得也沒有算在所得稅中的話，自然可以賣的比台灣的代理商便宜！但如果大家都這樣做，那誰還願意在台灣的商店購買？所以如果你是代理商，會不會爆氣？於是代理商能做的事情除了增加國內保固機制或提升服務外，再來就是好好來對付擺明是來分一杯羹、佔便宜的代購了！

代購水貨就等於販售未經合法經銷的產品？

所以代購就真的是違法了嗎？也不算是喔！重點要看代理商主張「**什麼權利**」被代購業者所侵害了？我們先假設睫毛膏的台灣代理商有一整套完整的授權（商標權、專利權和著作權都有），再分別來看。

我們的法律上，商標權以及專利權都有適用**「國際耗盡原則」**，也就是只要買家購入商品，無論是在國內還國外購入的，再次轉售時，權利人（商標權以及專利權人）都不可以再禁止。

以商標權來說（剛剛請你想像是一張象徵原公司的「貼紙」），當睫毛膏製造完成，貼上M牌「貼紙」後，無論是在國內還是國外市場銷售或流通，商標權人（原公司）都已經取得報酬了，所以當這個有「貼紙」的睫毛膏再度流通時，不論是在國內還是國外販售，原則上總（原）公司（商標權人）或代理人（商標的被授權人）就**不能再禁止他人在市場上轉手銷售該產品**。

仔細想想，如果沒有**「國際耗盡原則」**，那商標權人便可以無限制的一直追查商品的流向，只要商品轉手，他就跳出來說：「來來來，麻煩先付一下「貼紙」的錢**（授權費或賠償金）！**」如果真的是這樣，那大家一開始就會直接跟睫毛膏公司買，不會再跟任何商店交易了！所以不限制商標權的話，不論對商品流通或對經濟發展來說，都不是好事情。

商標權法告不成，好險還有著作權法

那既然是這樣，代購為什麼還會被代理商檢舉？不就可以放心買賣了嗎？

因為，雖然有「國際耗盡原則」保護代購的買賣自由，讓代購沒有侵害商標權的疑慮，但是還有一個難搞的「智慧財產權」（著作權）啊！

來談談**著作權**（智慧財產權）的部分，**著作權跟商標權不一樣，沒有國際耗盡的護身符**，所以比較複雜一些。

剛剛前面請你想像是睫毛膏罐子上的貓咪圖案，圖案也是一個美術「著作」，著作權沒有採取前面提到的「國際耗盡原則」，因此是禁止平行輸入的！但是，在國外代購這支睫毛膏到國內來賣，**是否真的就侵害到別人的著作權呢？**

是否侵害的關鍵在於：除去這個貓咪圖案（美術著作）後，睫毛膏本身是否可以成為獨立交易的貨物？也就是說：**睫毛膏會不會因為除去貓咪圖案就喪失交易價值？**如果不會，那這個印在睫毛膏上的貓咪圖案，就不是著作權法上禁止平行輸入的**「著作原件」**，國外進口後在國內轉賣就是ok的！

再舉一個例子來對照，如果著作權人用貓咪圖案來創作一個「繪本」，在這種情況下，假如除去貓咪圖案就只剩下一本裝訂過的白紙，沒有什麼交易價值，那這個繪本就是**「著作原件」**，這時即便有人在國外付錢購入繪本後，再帶到台灣做販售，原著作權人仍然可以跳出來說，**你的銷售要經過我的同意！**

所以代購是否侵害他人**著作權**的判斷關鍵就是：除去著作後，商品是否還有獨立價值？

有著作權法就能嚇阻代購搶生意了嗎？

重點在於代購的商品是不是**「著作原件」**？最可能引發爭議的就是具有創作性的商品，像是書籍、軟體或影音CD、字畫等等，至於告不告得成，其實也是要看購買這些商品的目的是什麼！

立法者其實也知道，雖然著作權人創作很辛苦，但是如果過度保護，也會適得其反，因此著作權法還是有留下彈性空間，以書籍為例，是允許為非營利、學術文化目的輸入**著作原件**的！

但如果是國外買回來賣（例如很多原文書國外都賣超便宜），假設這本書是語文著作，除去文字，就剩下一本白紙，沒有交易價值，這樣的話，著作權人或是代理商就可以提告代購的人。所以嚴格說起來，許多私人經營的網路書店，都有賣從國外進口轉賣原文書（上面還大辣辣印製「僅限××地區販售」的原文字樣），其實都是有違反著作權法的問題喔！只是說畢竟著作權人通常都遠在天邊，也很少會為了這樣小額的交易跑來臺灣蒐證提告就是了。

不過，代理商也別太得意，因為法律規定，假如是供自己個人使用而非散布之利用，或屬於入境行李一部分而輸入的情況下，就可以例外不受限制，換句話說，要處理網路代購最好是能抓到他**「散布的意圖」**（比如網路賣場）或**「非附隨於自己行李」**（比如郵寄或貨櫃）的小辮子，否則對方很可能利用這點四兩撥千金，成功化險為夷！

那如果真的被代理商抓到了違反著作權法違法輸入或販售會怎麼樣呢？由於台灣的著作權法是有刑事責任，所以代理商通常會選擇直接提告刑事再來跟你談賠償和解；如果和解不成，面臨的會是**3年以下的有期徒刑**，但也必需老實說，目前實務上除非是超級誇張的盜版或水貨大戶，否則多數的案件判決結果，還是**6個月內得易科罰金**的刑度是比較常見的。

無條件解約的真相

44 棄單人不取貨好happy，因為賣家根本管不著?!

消保法本來就規定，貨到7天內或到貨前都可以解除契約，這是行使權利，不算惡意棄單喔！

網路購物的方便性實在是很難被取代的，上班、上課時手機拿起來偷滑個2分鐘，都可以用情緒性購物來滿足我們疲憊的心靈。

阿明壓力大的時候也喜歡以網路購物來紓壓，不過他宣洩壓力的手段是向各個商家以貨到付款的結帳方式下單，讓賣家把貨寄到超商之後，再裝死不去取貨，做為一種小小的抒壓，因為他也聽說不取貨不算犯罪，所以就食髓知味，買了好幾單都沒去取，沒想到某天阿明收到了**地檢署的傳票**！

我不是棄單，而是行使解約權，懂不懂啊？

因為網路購物沒辦法像實體購物一樣檢驗商品的外觀、性能，有可能寄來的商品跟想像中的模樣差異太大，因此**消費者保護法第19條及施行細則**有規定，網路購物的買家，在收到商品前或收到後的7天內，可以**「以書面通知賣家」**或是**「以退回商品」**的方式，無條件解除買賣契約，把商品退貨並請求賣家退款。

但是不是**一直不取貨**就是消費者保護法所謂的「退回商品」保護範圍呢？雖然目前還沒有相關的判決，畢竟因為不取貨退回商品的，通常牽涉到的就是運費或包材損失，而這些費用的數額並不大，賣家多半不想因此提起訴訟，但是**不取貨**與**退回商品**，實際上還是不一樣的！

畢竟要無條件退回商品，必須在**收到商品的7天內**將該商品交給物流業，或是以書面的方式（包括電子郵件）向賣家通知解約才行；如果是**單純不取貨**，那賣家根本不知道這筆交易被解除取消了，沒有被取貨的商品會在超商、郵局躺多久才會被送回原寄送處？屆時是否還在收到商品的7天內？根本無從得知，**所以很難把單純不取貨的行為解釋成這是買家在行使消保法所保障的無條件解約權**！也就是大家有時候會在新聞上看到買家惡意無故不取貨多件，而被提告上法院的例子，就像阿明一樣！而且多數賣家往往會像案例中把這種惡作劇行為拿去提告刑事，想藉此嚇嚇買家並殺雞儆猴一下！因此身為買家如果真的要退貨的話，還是老老實實的跟賣家溝通一下，畢竟跑法院也是要花時間心力。

棄單沒有這麼嚴重吧，這是我的契約自由耶

雖然買家有萬用的**無條件解約權**可以行使，不過這項規定為社會帶來的成本是讓賣家必須要負擔寄送商品來回程的運費、賣家奔波於寄送商品的時間成本、商品包裝的費用，甚至具時效性的商品（例如食品）也可能因此而悉數損壞。所以，如果濫用自由，對於下單而不取貨這種**「純損人不利己」**的行為，其實還是可能會構成刑法第355條的**「間接毀損罪」**。

買家下單卻不取貨的行為是否構成刑法第355條的間接毀損罪，需要看買家是不是符合下列的情況，賣家要提告或報警前，也可以評估清楚：

❶ 下單的人是「故意」要使賣家白白負擔運費或受到其他損害。

❷ 下單的人明明「一開始」沒有要購買商品的意思，卻仍然下單，讓賣家受到欺騙，誤以為確實有人要購買商品。

❸ 賣家因為買家故意不取貨的行為，而受到了損害。

簡單地歸納一下，下單不取貨的行為如果有構成**「間接毀損罪」**的話，一定是**「一開始」就打定主意「故意不取貨的」**。如果下單的時候其實是有想購買商品的，只是貨到了之後才因為其他因素而決定不要去取貨的，那因為下單的時候其實並沒有欺騙商家的行徑（我那時候真的有想要買嘛！），也不用擔心會構成間接毀損罪囉。

譬如個案中如果多次下單不取貨的這名買家，經追查後發現其實是**賣家的競爭同業**，多次這樣惡搞的情形，就很可能會構成上面所說的「間接毀損罪」；又或者看到有買家在網路上嗆賣家，留言說要故意找人下單然後不取貨，來「制裁」賣家！這種透過網路留言放話的小蠢蛋，將來吃上間接毀損罪的刑責也都是剛好而已，因為網路留言或訊息這類，全都是賣家提告上最直接也最有力的證據啊。

回到我們前面的案例中，阿明被檢察官傳喚到地檢署之後，檢察官說網路購物的賣家對阿明提起了間接毀損罪的告訴，阿明狡辯說：「第一次沒取貨我只是不小心忘記去取貨了」、「第二次是因為我那個月不小心花太多錢了，我沒錢去取貨」、「第七次沒取貨是因為我買了保溫杯之後，朋友突然就送我保溫杯，我才不想去取的」……想要藉此掩飾他惡意的行為。

你當檢察官跟法官都是吃素的嗎？第一、二次你說不小心也許勉強可以相信，但都第七次不取貨了，還要人家相信你？會不會太天真阿！

當然大部分像阿明這種刑事被告都不會承認自己是故意犯罪的，這時候檢察官要怎麼認定阿明是不是一開始就故意下單不取貨呢？主要還是以阿明**是不是有「反覆」不取貨的紀錄來判斷**，如果只是因為工作忙碌而1、2次沒有取貨，相信檢察官也是可以諒解的，但如果短時間內就有7次、10次，檢察官一定會想：「2個月內就可以下單10次都沒有取貨？哪可能每次你都剛好忘記、剛好有苦衷！你鐵定是故意的啦！」就會認定阿明的行為確實有構成間接毀損罪。

至於間接毀損罪的刑責多重呢？最高可以處**3年以下有期徒刑**喔。雖然多數初犯如果有認罪、好好道歉，都有機會換到易科罰金免關，但為了惡搞賣家搞到自己拿不到良民證，將來無法當熊貓外送員，值得嗎?!好吧，你說不想做這些工作所以沒差？那就交給施主您自己決定了，只能說要惡搞人家，「次數」跟分寸拿捏一下。當然最好還是不要整天想著這樣惡搞人家啦，冤冤相報何時了咧，阿彌陀佛！

我每次沒取貨也都沒事阿，有這麼嚴重嗎？

雖然**偶爾沒取貨**，並不會有間接毀損罪的問題，但是如果商家這個月已經遇到第47個沒有取貨的人，結果生氣氣跑去地檢署提起告訴！檢察官也真的**必須要傳喚沒有取貨的人**來說明。雖然可以坦然的跟檢察官說「我只是忘記取貨了」，最後也真的不會被起訴，但是來回奔波開庭，也是耗神又耗時的。

雖然我自己也很常一個月買個10件以上的網拍，貓飼料、貓罐罐、貓尿墊、冷凍雞胸肉、各種3C，blablabla我都在網路買，說起來可能沒什麼說服力，但還是要提醒大家，最好養成良好的消費習慣，不要太常在網路上亂買東西，取貨時就不用經過那麼多掙扎囉！

45 網拍到底要不要辦理稅籍登記?用這一招避免國稅局找碴

如果「營業額」達標還不辦稅籍登記(營業登記)、乖乖繳營業稅,會被罰到脫褲喔!

網路購物的興起已經好幾年了,最早可以追溯到我學生時期(1X年前)互相拍廣告diss的ebay、yahoo拍賣。還記得當時廣告喬段是:「這位是唐先生,5年前打破了太太最寶貴的盤龍花瓶……」,太太氣炸了,這位唐先生在接下來的5年拼命做家事贖罪只為討好太太,直到他在ebay上找到了一模一樣的花瓶,才重新開啟了新生活~有印象的朋友,你應該跟我一樣至少3X歲了。

然後接著是露天拍賣、pchome、momo到近幾年最紅的蝦皮,台灣的網拍市場之大,早已跟實體通路可以互相匹敵,甚至在部分產業中已經取代掉傳統商店了,幾年前的統計也顯示網拍市場一年銷售額是以「百億」為單位的。

這麼多的錢錢,難道國稅局都不會想來查稅嗎?

國稅局表示:「當然想,想死了~」(設計對白)

而且為了這個龐大的網拍市場,二〇二〇年國稅局甚至發佈了新的函釋,更容易課到網拍業者的稅,網拍業者也更容易因此受罰。究竟最新的規定是什麼勒?

當你滿足這個條件，國稅局才會見獵心喜

早在二〇〇五年時，國稅局就要求網拍業者只要**「每月銷售額」**（雖然叫做「每月」，但是舊制是採6個月平均、新制則是採單月認定）達到**8萬元**（**營業稅起徵點**）以上時，就應該要去辦**營業登記**（**稅籍登記**），舊制採取的認定標準是用6個月平均銷售額來判斷，不會因為一個旺季銷售額超標就立刻被要求辦登記及課稅。

所以如果你只是小本經營，把自己不要的二手遊戲、二手書拿到網路上賣，基本上每月銷售額不會達標、也不會被認定是營利為目的，就不需要去辦登記，也不會被課到稅。

但是前面所講的「每月銷售額」，在**二〇二〇年**初財政部發布的最新函釋中提到，只要**單月銷售額**超過8萬元，即便淡季時銷售額再慘澹都不管，業者都必須要主動跟國稅局申請稅籍登記、繳納營業稅。如果沒登記被查到，罰則是**3千到3萬元**，國稅局可以**見一次打一次**（**按次處罰**），業者還會被一併追繳漏報的營業稅額及罰鍰，最高可以罰5倍，實務上有人做網拍沒報稅後來被一次罰幾百萬的！

只有爹爹斗內的錢，國稅局不好查，其他的就……

如果是經營網拍的話，**真的超好查！**國稅局基本上只要行文到網拍平台（yahoo奇摩、shopee蝦皮等），平台都會乖乖提供相關資料，每個月的銷售額清清楚楚，只要超過8萬，就等著被罰慘慘；甚至聽過國稅局會從物流業者來追查銷售金額，可說無所不用其極。一旦查到了，國稅局還會把過去沒申請登記、沒報稅的部分，一併罰進去。

而且由於網拍平台記帳功能實在太完整，過去幾個月甚至幾年的交易都有留著，就曾經有一則新聞提到，某個Y拍業者因為事業做太大被國稅局盯上，國稅局最終認定短漏報的銷售額達3千多萬，因此直接罰了3百多萬。

可真不是鬧著玩的！奉勸有心經營網拍的朋友，真的要留意一下稅籍登記跟營業稅這部分。至於直播這種沒有讓平台留下金流等交易紀錄的業者呢？嗯~國稅局可能就比較不好查一點，但大家還是要誠實繳稅喔^.<。

這一招教你跟國稅局討價還價！

既然知道國稅局在近期開始抓的如此嚴格，網拍又這麼容易被查稅，還有什麼方式可以少繳點稅呢？算下來可以節省的地方就是在爭取**「要不要開發票」**這件事上了。

如果營業額介於**8~20萬**，這時候可以嘗試去申請**「小規模營業人」**免開統一發票，營業稅會用**1%**計算，但國稅局也可能要求你還是得要開發票（情況較少），如果營業額**大於20萬**，那就是一定要開發票了！營業稅會變成用**5%**計算，但相關進項稅額可提出扣抵（就是指你進貨的成本那些），跟免開發票的營業稅1%比起來差了5倍阿！而且有開發票後，每筆交易國稅局都很清楚，整體算下來是非常可觀的！這下你知道為什麼很多店家都非常害怕開立統一發票了吧？

那買家不爽都可以檢舉嗎？可以！

被檢舉的案例還不少，所以說下次遇到惡劣的網拍賣家時，你知道該怎麼做了……（ㄟ～不要說是哪本書教的）

46 被國稅局找去喝咖啡，怎麼辦？ Part 1

在日本留學的小A，自從大學畢業後就一直待在日本工作，只有逢年過節才會回台灣。但在工作之餘，也會做一些日本代購，在網拍平台上讓買家指定特定的商品下單，再以國際快捷的方式將貨品寄到台灣，從中賺取一些差額，因為小A手腳利索，找尋商品和出貨的速度都很快，這個業外收入的生意是越做越大。

但某天，小A的媽媽在台灣卻突然收到國稅局的函文，表示要小A補繳營業稅，另外就小A遺漏未繳稅的部分也要課處罰鍰，讓小A一時之間不知道該怎麼辦？

（真實案例改編）

小本生意也要被課稅嗎？

如果是法律上的「小本生意」，是不用被課營業稅的！但法律上對於「小本生意」的規範其實還滿嚴格的喔，不是隨便人家喊的。依照**「小規模營業人營業稅起徵點」**規定，如果是販售商品每個月銷售額達8萬元以上時，就應該要繳納營業稅；而如果是提供勞務，像是汽機車修理、旅宿這種行業，則銷售額超過每個月4萬元時，就要繳營業稅。

而小A本身並沒有販售商品，只是提供**「代替顧客尋找商品並寄回台灣」**的服務，這是屬於**提供勞務**的營業態樣，因此小A的每月營業額一旦**超過4萬元**，就要向國稅局辦理稅籍登記（**也就是統一編號**），才算是合法。

該繳的稅沒有繳，會怎麼樣呢？

如果各種稅有漏繳的話，除了行政機關會要求追繳應補足的稅款以外，針對各種不同的稅，各個法律間還訂有不同的罰則。以常見的稅款為例，營業稅若是漏繳的話，可能會按照漏繳的情節處**漏繳稅款金額「5倍」以下**之罰鍰；而像是所得稅的話，納稅義務人對於所得應申報而未申報或短報的話，可以處**所漏稅額「2倍」以下**之罰鍰。也因此，如果該繳稅的項目沒有被核課的，也不能想說反正之後再繳就好了，被查到時可是要因此繳交好多倍的罰鍰！

上述由稅捐稽徵機關裁處罰鍰是單純的短報、漏報稅的情況，但如果是以比較花俏、不正當的方式來逃漏稅的話，也有可能會違反稅捐稽徵法，而構成**「詐術逃漏稅捐罪」**。

譬如一個常見的例子是，公司明明只有5個員工在工作，老闆卻另外找了5個人頭來充當員工，讓帳面上看起來公司因為員工薪資而支出許多成本，用這樣的方法降低公司的營利事業所得稅，這就是屬於**使用詐術及不正當方法**來逃漏稅的情況，這時候就不見得是繳繳錢就可以解決的情況了，也是有可能會被抓去關的。

收到國稅局的通知，放著可不可以？

通常國稅局要人補稅之前，一般會**先發函文**，請納稅義務人就應補稅的項目**提出說明**，也可能需要與國稅局的承辦人面談。如果國稅局認為納稅義務人的說明以及提出的資料確實有道理，那就不需要納稅義務人補繳稅款了。

但是如果對於國稅局的通知置之不理，國稅局也是有可能直接做成行政處分，命納稅義務人補繳稅款以外、再加徵高額的滯納金（**通常是2天加徵1%**，堪比高利貸），還會依據稅捐的種類而裁處不同倍數的罰鍰。

而國稅局這些核定稅捐的處分，可以依序提起**復查**、**訴願以及行政訴訟**等救濟方式，而且必須依序提起喔，所以如果忽略了國稅局核定補繳稅款的行政處分，沒有在法定的期間內提起**復查**（第一道救濟程序）的話，後續的救濟手段也都沒有辦法使用，屆時就要乖乖依國稅局最初的核定的稅款去繳納囉。

雖然大家都不願收到國稅局喝咖啡的邀約，但如果不幸收到了，**逃避不僅可恥還絕對沒效！**至於應該要做什麼樣的準備，才不會讓咖啡喝起來那麼苦澀，我們就留待下篇做說明喔。

47 被國稅局找去喝咖啡，怎麼辦？

Part 2

經營代購事業的小A收到國稅局的函文之後，依照國稅局的指示，回到台灣並到中區國稅局彰化分局報到，跟承辦人員說明她的代購是如何運作的，沒想到國稅局承辦人員卻請她提出一連串的文件，什麼進項憑證、書面代購契約，讓她聽得霧煞煞，不知該如何處理？

國稅局叫我去要幹嘛？

一般來說，國稅局經過**自行稽查**或是**他人檢舉**[1]後，發現疑似有漏繳稅款的情況時，會先請當事人到案說明，一來是確定當事人是不是真的是他們要查的人？有些網路拍賣事業做太大被查稅的案件，他們帳號資料可能是使用者隨意填寫他人個資所創立，因此國稅局要先確認他們有沒有找對人。確認之後，國稅局也可以根據個案請當事人提出有利的資料，來減低或免除應該補繳的稅款。

以我們前述的小A例子為例，如果要主張對自己最「划算」的營業稅算法，理論上來說，應該只就**「代購本身賺取的手續費」**部分來計算營業稅，那麼他就要提出他自己開立的代購手續費本身的**發票**、依照代購貨物實際價格並加註「代購」開立的發票、以及小A與客戶之間**代購商品的書面契約**等資料，以證明小A與客戶之間的契約關係確實是代購商品，而且小A所賺取的錢只有代購的手續費（畢竟商品在交到客戶手上之前是小A先付錢的），如果能夠提出這樣的資料，那國稅局在核定補繳稅款的金額上就會只以代購手續費本身來核定營業稅。**但實務上其實很多人提不出上面這些文件，因此被課了超重的稅，下面馬上說明**。

要先提醒的是，以上這種由小A開立代購手續費「發票」等麻煩手續的例子，是小A的單月營業額**已經達到20萬以上、需要開立統一發票為前提**。如果你也剛好從事代購業，但目前單月營業額還沒到20萬這個程度，根本還不用擔心這些事喔！

因為單月營業額8萬以下，不用辦稅籍登記（根本不用繳營業稅）；營業額如果8萬以上、20萬以下，則應該專注在讓稽徵機關核定免用統一發票（營業稅由國稅局來查定課徵，只用1%來計算營業稅），無論如何都比開立發票時被課徵5%營業稅還要來得優惠許多～

幹嘛一定要我提證明？提不出來怎麼辦？

在稅務案件中，因為課稅資料大部分都在納稅義務人手上，如果要稽徵機關自行取得相關資料，是非常困難的事情，因此如果課稅資料是在納稅義務人的掌握之中，納稅義務人就有提供資料給稅捐稽徵機關的義務，這就是所謂的**「協力義務」**。納稅義務人如果違反了這樣的義務，那稅捐稽徵機關就會**以推測的方式**來計算應該繳的稅款數額，屆時計算出來的數額，可能就不會太理想囉。

況且有漏繳稅款的情況時，根據不同的稅別，國稅局也會以漏繳稅款的數額為計算基礎，**再裁罰1**

倍甚至多倍的罰鍰，因此如果在第一步漏繳稅款的數額計算上，沒有爭取到比較漂亮的數字的話，罰鍰的計算就會更讓人心痛了！

提不出資料的話，國稅局的補繳稅款數額，是怎麼計算的？

以常見的需要補繳稅款的案件而言，**營業稅**佔了其中很大一部份。台灣現行的**加值型營業稅**（另有一種非加值型營業稅，但大部分需要課徵營業稅的場合都是加值型營業稅）的計算，是以商品售出價格計算營業稅數額，再扣除取得商品時以該商品價格計算的營業稅數額（因為取得商品時的營業稅原本的賣家已經繳掉了），兩者相減就是納稅義務人真的應繳納營業稅的數額。

以小A的例子來看（前提一樣是針對單月營業額20萬以上、需開立發票的賣家），每次代購小A原本應該要有一張**「依照代購貨物實際價格並加註『代購』開立的發票」**以及與客戶間的書面代購契約，來證明小A取得商品時，原本的賣家已經把當時價格的營業稅繳掉了，小A應該只需要針對商品因為代購所增加的金額來繳納營業稅，但如果小A提不出相關的**發票和書面代購契約**[2]**的話**，那最終國稅局就會以小A從客戶那邊取得的所有錢來計算營業稅的數額，而不管小A實際上購買商品的成本到底為何喔。

譬如代購1萬元的藍芽耳機，代購費1千元，總價算1萬1千元（網拍頁面的標價）給買家，小A本來以為只要針對代購費1千元計算營業稅就好，但如果提不出上面講的這些文件，國稅局可是會直接以1萬1千元來課營業稅喔！

畢竟稅別百百款，我們的篇幅有限，也沒辦法逐一跟大家介紹，但從上述的例子來看，大家對於國稅局補稅數額計算的方向，大概也有底了吧？總之補稅的數字只要是由國稅局算出來，**絕對不會好看的！**

雖然有人認為補稅時計算的補稅數字已經很浮誇了，還要拿這個數字為基礎再去計算**幾倍的罰鍰**，似乎對於納稅義務人而言過於嚴苛，但法院見解普遍是認為漏繳稅的人本來就不應該和正常繳稅的人平起平坐，所以即便去打**行政訴訟**，勝訴的比例其實是偏低的。所以大家平常還是要注意稅務相關的法規好好報稅，或至少發票或相關的單據要好好保存，這樣被國稅局請去喝咖啡，才不會荷包大失血啊。

1 最常見的是同業檢舉。

2 書面代購契約這部分，是法令上（**加值型及非加值型營業稅法施行細則**）要求賣家應備著作為將來起爭執時供稅捐稽徵機關查核使用的，一般網路購物過程當然不可能另外把人叫出來簽書面契約，所以建議這部分至少相關交易紀錄的頁面要留存好，這也是可以作為將來一個對自己有利的證據。

話語霸權

48 說真話也被判刑？不良商家根本活該被Google評論制裁啊！

小楠前陣子在社群網站上頻繁看到有一間新開的手搖飲料店，決定跟上熱潮去排隊，在排了30分鐘之後終於輪到小楠點餐，小楠決定要點「奶蓋紅茶加燕麥一分糖三分冰茶濃料少，另外加一片檸檬片」，店員在聽到這個浮誇的客製化商品的時候小小翻了一個白眼，讓小楠頗為不悅。

拿了飲料回家之後，小楠越想越氣，不顧他手上的飲料其實很好喝，先是以個人的帳號在店家的Google評論給了一顆星，並評論「難喝！珍珠超硬，咬到牙齒斷兩顆」，又唆使他的朋友們去店家的Google評論狂洗將近十則留言「金萱有洗碗精的味道」、「芋泥吃起來跟真的泥一樣」，讓最近剛步上軌道的商家相當憤慨，因而向地檢署提出刑事告訴。

講真話也要被判刑，是還在戒嚴嗎?!

因為寫下Google評論就被定罪的例子非常少見，但實務上也不是沒發生過。給商家負面評論可能涉及到的刑法罪名，是刑法第310條第2項的**加重誹謗罪**。但並不是說只要給負評就一定會有罪，畢竟地圖上不僅多處可見評分為二星、三星的商家，也常常看到有人抨擊百年老店的味道大不如前，但對於這些店家的評論大部分都不會構成誹謗罪，差別在哪裡？

實務上，對於商家的負面評論是否會構成誹謗罪，通常是以**「有無實際消費經驗」**、**「評論內容與實際消費經驗有無關聯」**做為判斷的標準。如果根本沒有實際消費經驗，卻假裝自己是對於商家不滿意的顧客去留言；或明明是對商家的上菜速度不滿意，卻亂評論說商家端上來的食物味道很噁心，這種以**「杜撰事實」**的方式撰寫評論，且可能因此讓一般人對於商家的評價降低，那就會構成刑法的加重誹謗罪。

因此回到我們的例子之中，店員或許是因為小楠點的產品客製化太複雜，心生不耐而翻了一個白眼，此時小楠也確實可以去Google地圖上給商家負面評論，但評論的內容應該要與他個人消費經驗相關，例如「店員服務態度欠佳，不知道白眼在翻幾點的」、「店員很不友善，不推薦」這樣的評論，因為是根據自身真實消費經驗所撰寫的負面評論，就不會有違反刑法的問題。但小楠今天留言的內容卻是他根本沒有購買的「珍珠」、「金萱」、「芋泥」，那這幾則負面評論的內容顯然是憑空杜撰的，就有很高的機會被檢察官、法官認定為誹謗了。

言論自由蕩然無存，不僅告我誹謗，還說我「加重」誹謗？

刑法第310條第1項規定的是**一般的誹謗罪**，這項罪名只要公開散布足以貶損他人名譽的言論就會構成了，而刑法第310條第2項**則是特別規定**，如果是以「散布文字、圖畫」的方式（畢竟散布不實言論的方式很多，在大庭廣眾之下用大聲公也算是一種）觸犯誹謗罪的話，就會構成**加重誹謗**

罪，刑度上比一般的誹謗罪還要重，法院可以處2年以下的有期徒刑。

至於時下年輕人很流行的梗圖或者漫畫、或者媒體動用不實報導來批評特定人士，由於也是文字圖畫的類型，所以依然也會有加重誹謗罪的問題喔。那回到Google地圖（Google map）負面評論的問題，由於相關評論必定是以文字的方式留言，因此如果有構成誹謗的話，**就一定是加重誹謗罪了**。

給負評不可以，那給一顆星總沒事了吧？

我們前面既然提到，如果用胡謅事實的方式亂給負評，可能會被一狀告上地檢署，而被認定是加重誹謗罪。但如果未曾向商家消費，但卻給商家一顆星且沒有留下評論，此時因為一顆星在整體上降低了商家的星等評價，而影響消費者前往商家消費的意願（畢竟現在有多少人忙著避開低於四顆星的店家），等同是侵害了商家的商譽權，此時商家還是可以向這些亂刷一顆星、亂灌負評的人請求民事的**侵權行為損害賠償**的。

我們都有踩過雷店而感到生氣的時候，但要記得，在留下一顆星時，最好都還是要以個人經驗撰寫一下簡易評論（象徵自己確實有過相關消費經驗），才比較不會惹上麻煩喔！

49 鄉民的正義不是正義！遇到網路公審還可以提早實現財富自由？

不要以為只是跟著鄉民刷一波留言、湊熱鬧也沒事，該負的責任一樣都少不了！

二〇一六年，台北南港爆發一起令台灣民眾群情激憤的案件，一名24歲的小模在地下室遭到姦殺。而兇手男友表示是小模的閨密嫉妒小模事業有成，才與自己共同設局合謀殺害小模，引發鄉民肉搜、出征閨密臉書。事後，閨密因有不在場證明，獲檢方不起訴處分，原本義憤填膺的鄉民則開始上演「大逃亡」，害怕被告而紛紛刪除留言。

案例中，鄉民發現自己誤擊了無辜的閨密後，自知理虧而紛紛刪除或改正留言，就怕有相關法律責任，但如果閨密真是共犯的話，鄉民的出征在法律上可以站得住腳嗎？真的可以想說什麼就說什麼嗎？

肉搜別人一時爽，犯法被告換人爽！

肉搜（人肉搜索），是指運用人力以地毯式搜索的方式尋找、拼湊特定人的資料，藉此來揭開某人或某事真面目的意思。通常都是藉由網路ID、登入IP、註冊信箱、數位足跡等相關資訊，完整還原一個人在社會的面貌。

一般來說，只要是能夠識別一個人身分的資料，**都是個資法保障的範圍**，不管是國家或個人，都要遵守個資法的規定來使用這些資料。

依照**個資法**，蒐集個人資料必須要有「特定目的」，而這個特定目的依照法務部提出**182項**的參考，並不包括**「鄉民正義（公審）」**，所以即使我們在網路蒐集的資料，比如他人在ptt或是ＩＧ發文一定會顯示的ＩＤ，或是ＦＢ的公開發文，都是**「當事人自行公開」**的，但一旦發生爭議，鄉民們還是要先說明蒐集這些資料的「特定目的」何在？

除了特定目的之外，能不能利用這些個人資料，比如說**整理成懶人包**供其他鄉民觀覽，則是另外一回事！依照個資法的規定，除非是有法律規定、有公共利益或是為防止造成他人的危害等情況，否則是不能隨意利用這些資料的。

以網路公審來說，為了貫徹鄉民正義而蒐集、散播個人資料，很可能已經超出特定目的必要範圍，所以個資法的受害人，除了提告請求賠償**名譽權**的損害以外，還可能使公審的鄉民面臨**5年以下有期徒刑**的刑責，而紛紛和解求饒，場面愈是浩大，意外的收入也就愈豐厚囉。

鍵盤俠：台灣媒體就只會帶風向、法律也只保護壞人啊！

以小模案來說，我們可以看到鄉民正義**「快！但未必夠準」**，因此海水退了就會發現大家都沒有穿褲子，鄉民們當時或許作出了錯誤的判斷，如果後續追究起來，鄉民可能會說：「這是重大事件！難道身為社會一份子沒有說話的餘地？」

當然可以！這種發表主觀意見的言論，會稱為**「評論」**，照理說對於各種可受公評之事，都可以自由的評論，沒有絕對的對錯可言，重點在於鄉民的「評論」、「公審」可以隨意講或任意謾罵嗎？

怎樣評論ok、怎樣有問題？這之間判斷的標準就是所謂的**「善意評論原則」**（合理評論原則）所要考量的。我們之前有談到，對於事實陳述**如果有合理查證＋關乎公益，那就不會受罰**，像如果檢察官起訴閨密了，而你對外傳述閨密是共犯，這還ok，問題不大。

但如果你在新聞下方的留言是「連小模都當輸人，丟臉！**要賣也沒人要啦！**」暗示人家從事性交易，或「出賣好友，根本小模界之恥，**怎麼不切腹自殺？**」詛咒人死不足惜，這些雖然是個人意見表達，沒有所謂真不真實，但這種偏激又傷人的言論，難道都沒問題嗎？法律的規定是，必須要判斷是不是：對於「可受公評之事」而為「適當的評論」。這就是所謂的「善意評論原則」。

被公審的人有可能藉由提告而荷包滿滿嗎？

以開頭的案件為例，閨密在偵查初期確實有涉案的可能性，而且也真的有介紹小模工作，到底是不是共犯，應當是可受公評之事，但倘若鄉民發言過於偏激、尖酸刻薄，而逾越善意評論的範圍，以前面舉的「要賣也沒人要啦」、「怎麼不切腹自殺」這種言論為例，恐怕已經超過善意、合理評論的範圍，而有構成誹謗罪的疑慮，被公審的人此時不妨換位思考，讓危機變成轉機！

照著以下SOP 學習如何提告發大財：

❶蒐集留言截圖、網友個人頁面。
❷找個律師協助提出誹謗罪告訴。
❸提出刑事附帶民事求償（一樣，不要忘記找律師）。
❹假如被上千人罷凌，每個人賠償金少少收個5千～1萬就好。
❺財富自由，買房囉～

但是當然啦，我並沒有要鼓勵大家平常沒事去故意激起鄉民的群情激憤，利用「民氣可用」的弱點來賺錢哦！只是教你受了莫大冤屈，可以不要隱忍，採取行動既能拿到賠償，又可以教訓一下口無遮攔的鍵盤俠們、導正一下社會風氣。

50 線上遊戲中雖然可以殺人，但是盜寶卻會有刑責哦！

一〇六年六月初，人氣mmorpg天堂首次手遊化，造成國內一片轟動，雖然由玩家普遍戲稱的「黑橘」取得獨家代理權，仍然香得不要不要的！（望向課金額台幣一億的課長～）

時至今日，天堂M的討論度依舊居高不下。說到這種線上遊戲，玩家的夢魘除了卡等以外，就屬盜寶最令人驚怕了。

由於天堂M的遊戲設計提供多人參與副本的機制，導致玩家之間橫向聯絡的需求十分熱烈，玩家們莫不建立FB社團或是LINE群組壯大團隊的聲勢，但在一〇七年六月，卻發生一起玩家遭受團隊成員背叛的故事。

一名羅先生誤將自己**遠端控制軟體的帳密**傳到成員數共有184人的LINE群組之中，被一名李先生撞見後，遭到李先生在半夜透過遠控方式開啟羅先生**電腦模擬器**中之遊戲帳號，將「＋7保護者斗蓬」、「風靈3階＋7雷雨之劍」、「水靈1階＋7魔力短劍」、「精靈水晶（大地屏障）」等4件寶物（價值新台幣10多萬元）交易給自己，造成羅先生重大損失。經羅先生提出告訴後，最終李先生因事證明確，遭法院判處**有期徒刑5個月**，緩刑2年確定。

同樣是數據紀錄，虛擬寶物還比遊戲中的人命還要重要！是不是跟現實生活很像呢？既然盜寶、詐欺虛寶的事情天天上演，哪一些是被刑法禁止的，又該如何求償呢？

盜帳或詐騙虛寶有什麼刑責？

早在九一年時，不僅網咖林立，個人電腦及網路也逐漸普及，線上遊戲一直是大眾娛樂的大宗，在當時，還是PC版的天堂就屢屢發生詐騙或盜取虛寶的事件，由於虛擬寶物雖然不具實體，但在現實中仍然具有一定的價值，當時就以**竊盜**、**詐欺**等罪名懲罰犯罪人。

後來九二年修法後，刑法增訂**「妨礙電腦使用罪章」**，簡單來說，在這之後只要沒有經過同意**隨意使用他人帳號密碼登入電腦**、或是**取得**、**變更電磁紀錄**，都有刑事責任，當然大家最痛恨的駭客軟體如木馬程式等的發明者，同樣也要受罰。

由於妨礙電腦使用罪章的禁止對象不只針對網路遊戲，所以像是在影印店替他人忘記登出的FB帳號發文、登入朋友的校務行政系統替他退選必修、用USB偷存同學電腦的照片或報告等等，全部都是可罰的行為哦！但為了將國家的偵查效能集中在重大電腦犯罪，必須要被害人主動提出告訴，國家才會介入處理！

帳號被盜該向誰求償？

虛寶被詐騙，當然是向施用詐術的人求償，但犯罪人躲在虛擬世界背後，要怎麼找出這個藏鏡人呢？一般來說，最快的方法是向遊戲公司申請**遊戲歷程記錄**，可以得知你的寶物，在某年某月某日某時被移到ＩＤ某某某的角色身上，再以遊戲歷程向警方報案提告。此時，檢警就會向遊戲公司**函查對方角色的真實年籍資料**，再傳喚他到場釐清有無涉案的可能。

至於**被盜帳號**的情況比較複雜，可能就要區分為2類，一種是自己未保管好帳戶資料，導致其他人上下其手的，這種情形同樣可以透過申請遊戲歷程來向犯罪人提告**妨礙電腦使用**。

另一種情況是遊戲公司遭到駭客攻擊，導致玩家個資遭竊，這時候當然可以向駭客提告（如果你抓得到的話），但由於駭客不好抓，所以另一個問題就是，**可否向遊戲公司求償**？

遊戲公司遭受駭客攻擊，雖然本身也是受害者，不會構成妨礙電腦使用的刑責，但遊戲公司掌握玩家個資，本來就應該採取安全措施，**如果經查發現遊戲公司存在資安漏洞，可以被認為違反保護個人資料的義務時**，是需要依照個資法對玩家們負擔損害賠償責任的，而且主管機關也可以命改正，甚至按次處新臺幣**2萬元以上、20萬元以下**罰鍰哦！

51 比賽或表演中直播、錄影，有犯法嗎？

當然！不僅可能會面臨民事賠償，甚至還可能有刑事責任喔！

先前日本超人氣動漫「鬼滅之刃」劇場版電影上映，掀起一股鬼滅風潮，電影票房更是打破台灣動畫片歷史紀錄，許多網友為了記錄下自己也搭上鬼滅潮，而拍下電影的片頭或片尾放上社群，甚至有大學生直接在電影院盜錄該片，使代理商抓不勝抓，一再發聲明稿希望大家能夠自律，另外，過去許多演唱會也發生歌迷將演唱會片段錄下來，放在網路上給大家觀賞的狀況，事後也遭主辦單位要求將影片下架。

欸～我只是分享一下自己的日常生活，這樣也犯法喔？

小心侵害著作財產權

在法律上規範了許多種的著作類型，不是僅限在文字或圖片等印刷品上，我們經常看的電影或演唱會其實也是著作的一種，只不過電影是**「視聽著作」**，演唱會則是**「表演著作」**，而著作基本上都有一定的經濟價值，這在法律上稱為**「著作財產權」**，根據著作的不同，其中蘊含的財產權內容也不一樣，比方說有重製權、公開播送權、公開傳輸權、公開上映權、公開演出權等，真的是族繁不及備載阿。

像剛剛提到的演唱會，其中內容包含藝人的表演、編舞、燈光、舞台、彩妝等，有這一連串精密的分工才能構成整個表演，其中所耗費的成本非常可觀，因此，大部分的演唱會，除了現場售票，也都會發行成影音作品加以販售，如果現場的歌迷把演唱會的內容錄製下來或直播出去，將會讓演唱會後續的收益降低，這當然是侵害了主辦單位的**重製權**、**公開傳輸權**，甚至是藝人的**「公開演出權」**。同樣的，電影上映就是要讓大家進電影院買票觀賞，如果錄製下來放到網路上，誰還想進電影院呢？這也是侵害了著作財產權的重製權與公開傳輸權等。

如果說侵害了別人的著作財產權，除了需要賠償著作財產權人的損失以外，更重要的是，法律上還規範有刑事責任，如果不想因此背上刑責，還是乖乖地欣賞就好。

不過這裡要稍微談一個有點弔詭的問題，就是直播或錄製「比賽」，因為**比賽本身其實不是一種著作**，當然也就沒有侵害著作財產權的問題，但是如果直播或錄製比賽的內容，還是有**民事賠償**的問題，至於原因是什麼，這裡先賣個關子，等等後面就會提到。

法律連我自己當紀念都要管嗎？

很多人可能會說：「那我拍了不上傳網路，留著自己紀念總行了吧？」確實，法律並沒有說不可以留著自己珍藏，甚至還給大家一個方便，法律上稱為**「合理使用」**，在侵害著作財產很輕微的案件，比方說少量拍攝自己珍藏的情形，法律上是可以認定為合理使用的，這是因為這種條件下，著作財產權人的損害非常小，實在沒有必要動用到相關法律的保護，所以說，如果只是少量的拍攝，而且只有留著自己紀念用，並不算侵害著作財產權。

雖然說在合理使用的前提下，並不算侵害著作財產權，但演唱會、比賽的主辦單位或電影院**要求你刪除手機裡拍攝的內容**可以嗎？

許多情形是可以的喔！這個答案可能會讓大家有點意外，剛剛不是說這應該是合理使用、不算侵害著作財產權嗎？為什麼可以要求我刪除？

除了法律規定以外，還有契約問題啊

這是因為在合理使用時，雖說不構成著作財產權的侵害，但是大家可能都沒注意到一件事，那就是其實你在購買比賽、演唱會或電影的票 時，都會有一些**「契約條款」**隱含在你購買的程序當中，像你進入比賽、演唱會會場或電影院都會有一些**非常多字的公告**，一般人要不是快速勾選**「我同意」**的選項，再不來就是忽視這些公告，其實這些都是你與主辦單位所訂立的**「契約」**內容！當中都會提到相關的權利義務，甚至規範可以請求你刪除內容的條款，而且還可能面臨賠償的問題，這也是為什麼先前提到比賽不是著作，但通常也會面臨賠償問題的原因，有些甚至會要求高額的懲罰性違約金。

因此，就算不是侵害了著作財產權，可能也會違反一些契約上的義務，而面臨主辦方的民事求償喔！所以說去看比賽、演唱會或電影時，還是好好享受當下的氣氛就好囉。

52 不行養寵物、設神明桌、入籍？我是租公寓還是租監獄啊？

租屋族也別太怕管委會，只有在特定情況下他們才管得到你哦！

毛小孩那麼可愛，心甘情願當奴才的大有人在（就像我～），提供舒服的生活環境正是奴才守則第一條！找個理想的住處，馬上簽約與毛小孩攜手開創幸福人生（咦？）但是在591租屋網把「可寵」勾起來，立馬少掉⅔房源！那可以偷偷養嗎？被發現的話會不會怎麼樣？

生活充滿許多壓力，有人藉著宗教信仰獲得平靜，但平常沒辦法擠出時間去參拜怎麼辦？可以把租屋處設個神壇自己每天拜拜嗎？

聽說政府好像有租金補貼，好像可以申請，但是**還要設籍喔**[1]？可是記得那時候房東好像說不能設籍跟報稅，只好忍痛放棄嗎？

寵物與我的幸福生活，可能跟誰有關係？

在公寓大廈租屋，到底能不能養寵物？首先要看的是跟房東簽的租約。目前租屋的相關法律中沒有針對這部分做規定，房東在一開始的租約如果有加入禁止的條款、房客也簽字了，那就是有效的。雖然身為貓奴的我，過去在找租屋處也曾經為此覺得心很累，但身為律師就是要懂得自己跟對方「磋商」契約阿！

順便分享一下自己多年來租屋時，跟房東「磋商契約」的經驗給大家參考：

我發覺其實許多房東在租屋網上，針對「不可養寵物」的選項常常都覺得先勾起來再說（反正勾起來又不吃虧），但如果身為正在找房子的租客願意主動發問、表現出負責任的態度，多數的房東都還是願意談看看。

跟房東討論租約條款時，我還會秀出自家貓咪們各種可愛的照片，像是在跟房東說：「你看貓咪這麼可愛，絕不會壞壞～」過去我就有幾次因此租到了本來說不可養寵物的房子，成功說服房東讓步。

除了租約之外，要養寵物還要看公寓大廈中其他住戶的共同決定，也就是**「規約」**到底有沒有禁止？因為養寵物這件事，也關係到其他住戶的居住品質。過去很多新聞提到，沒有責任感的飼主放任寵物製造髒亂、噪音，影響到社區的安寧及衛生；甚至有些人喜歡養「珍奇異獸」，但又沒有專業能力可以控制或馴服，還可能因此造成其他住戶的安全受到威脅。

因此，在**《公寓大廈管理條例》**中，是允許住戶們可以共同決定，並在規約中載明，是否禁止住戶飼養寵物，來防止這種情況發生。所以就算房東沒有禁止你養寵物，還是建議租屋前先索取一下社區規約看是怎麼規定的哦！

是不是沒有禁止我養寵物，就可以在社區放養20隻貓咪？

是把貓咪當放山雞在養嗎？雖然我覺得這畫面好像有點療癒，呵呵～

雖然在規約中沒有禁止住戶養寵物，但不等於你可以直接捨棄公德心啊！《公寓大廈管理條例》還是有規定，如果你沒有好好盡鏟屎官的責任，放任貓咪把社區中庭當貓砂盆亂大小便，或是放任家中小狗亂吠吵到鄰居、甚至咬人也不管，這種養寵物導致妨害**「公共衛生」**、**「公共安寧」**、**「公共安全」**的行為，管委會都可以依法跳出來「主持公道」，請你克制一點。如果你還置之不理，管委會就可以報請主管機關來「替天行道」，讓你被罰錢啊！主管機關可以處3千元以上、1萬5千元以下的罰鍰。

設置宗教場所是被允許的嗎？

目前法律沒有禁止房東在租約中預先對房子的用途進行限制，也就是說，房客是否可以設置宗教場所，還是要透過雙方簽租約時來預先決定。

但是，租約沒有限制只是第一關，還不等於你已經可以設置宗教場所了！這是因為在公寓大廈中，最為重視的是**住戶間的關係以及居住品質的維護**，避免因為任何住戶的一舉一動來影響或侵擾其他住戶的生活，同時公寓大廈管理條例也允許住戶共同作成「規約」來決定自己想要的生活。所以說，除了租約外，**「規約」也是判斷是否能在公寓大廈中設置宗教場所的關鍵之一**。

還要注意的是，就算租約和規約都沒有禁止設置宗教場所的內容，在使用時也應該和房屋的一般用途一樣，依公寓大廈管理條例的規定，住戶使用房屋不得有妨害建築物之正常使用及違反區分所有權人共同利益之行為，包括製造汙染、發生喧囂、振動、妨礙安寧及與此相類之行為。否則，管委會還是可以在制止你無效後，報請主管機關來對你開罰，更可以訴請法院為必要處置。

實務上也曾發生過住戶將住宅改造成印度神廟，每日供數百人進出膜拜，嚴重妨礙住戶安寧的例子，後來大樓另行訂立規約禁止設立宗教場所，**並訴請法院做必要的處理**，最終法院也判決禁止該住戶繼續營運神廟，也不可以聚集多數人在此**從事宗教活動**[2]！

房東可以禁止房客遷入戶籍嗎？

現實中，房東可能出於多種動機，例如：為了適用較低的稅基、擔心租約到期後房客不將戶籍遷出等等，所以想通過租約來禁止房客遷入戶籍；但是，安啦安啦！房東考慮的再多，都不是房客的鍋！也就是說，房東不可以在租約中記載：「禁止房客遷入戶籍」！就算寫了，這樣的約款也是**無效**的。

在**《租賃住宅市場發展及管理條例》**（也就是俗稱的**「租賃專法」**）通過後，一般的租約都會適用內政部訂定的「住宅租賃契約應約定及不得約定事項」，其中就提到：「房東不得禁止房客遷入戶籍」！也就是說，即使房東在契約中加入禁止房客遷入戶籍的條款，也會因為違反**「租賃專法」**而無效。

如果房東出租該房子不止一次或者屬於包租業者，都很可能被主管機關認定成以租賃為業的**「企業經營者」**，此時如果針對房東**「禁止遷戶籍」**的行為做檢舉，主管機關最高還能**處罰房東30萬元**！

如果房東違法禁止我遷戶籍、突然悔約禁止我養寵物、設神明桌該怎麼辦？可以趕快翻看本書的其他文章，**了解房東最怕的幾件事**，或許你就知道該怎麼做了！

1 舊的規定需要設籍、最新版的租屋補貼不要求設籍了。

2 最高法院一〇三年台上字第914號民事判決。

53 管委會好大的官威，竟然可以禁止我網拍買太多？

除非管委會只針對你，要不然社區住戶都同意的話，是可以限制你的～

宅經濟崛起，現代愈來愈多人逛網拍網購，從食物、衣服、禮品、健身器材到家具都有人在網購，通通都可以直接宅配到府或超商取貨超方便，省去一堆麻煩！也因此越來越多網拍賣家應運而生。

但如果你是住在公寓大廈，這也讓大樓管理員簡直成為代收專員，不管你是買家還是賣家，每次進出貨都很多，貨運司機老是來收、送你的貨，更過分的還有人專門做代購所以從各地買了一堆東西，導致大批包裹或大型貨物堆積在管理室跟大廳，堵到出入通道還很不美觀，有時候你一忙就拖幾天才去領，管理員看了就頭痛，真想不爽直接拒收！

這時，管委會出馬了，直接貼公告：「管理員每週只幫每位住戶代收3件，超過的話一概不負責！」管委會這樣「推卸責任」是可以的嗎？幫忙收一下包裹、暫放一下而已，應該不是很過分吧？

然而在某些情況下，管委會的確可以這麼做！當貨物一件件送來或一堆待收走的貨，如果完全不限制，管理員根本沒辦法做其他事情！究竟什麼情況可以給管委會權利限制住戶呢？

管委會是誰?它可以做哪些事?

公寓大廈的**「管理委員會」**，由區分所有權人會議(也就是「區權會」)選出的管理委員所組成，這些管理委員同時也是住戶，他們必須要根據法律、社區規約，以及區權會的決議來管理及維護大樓。

管委會的工作內容包山包海，光是**《公寓大廈管理條例》**就洋洋灑灑地列出了10多個項目，包括：大樓的安全及環境維護、制止住戶的違規行為、公共基金的計帳保管運用、公共設施的維護……等，而社區規約及決議更會增加一大堆工作給管委會，例如代收包裹。可想而知，一旦大樓缺少了管委會的運作，社區的生活環境品質非常可能會嚴重下滑。

但是，管理委員們通常也都有原本的工作，不太可能一整天都在處理大樓的事情，所以區權會或管委會通常會另外聘請**物業服務公司**的人來當**管理員或總幹事**，分攤一些管委會的工作，而代收、代管貨物及包裹的工作，自然也落到了他們的頭上。

管委會也不是想怎樣就怎樣的

事實上，**「區權會」**才是至高無上的存在，管委會只不過是負責把區權會大大小小的規定加以落實而已。雖然管委會也可以開會、有自己的會議結論，但不能牴觸經區權會同意的**「決議」**跟**「規約」**。

管委會想漲管理費，要區權會同意；想要拆除改建公共設施，要區權會同意；想禁止住戶們把管理員當成代收專員？當然也要區權會同意！管委會看起來什麼事都可以做，但其實除了《公寓大廈管理條例》規定的工作以外，它做任何事大多都需要區權會的**「授權」**，無法輕易逃出區權會的手掌心。

管委會可以拒絕代收網拍包裹嗎？

管委會如果不想再幫忙代收快遞跟網購的商品，**需要經過區權會的同意**，並且訂出一套**管理規則**，例如：可代收的貨物件數與大小、保管期限、商用住戶是否有另外的規定……等標準，當住戶違反管理規則時，管委會或管理員才能合法地拒絕。

如果管理規則沒有經過區權會、依照合法程序通過，管委會當然就不能限制住戶；如果根本沒有管理規則，完全是看管委會或管理員的心情，「一下子收、一下子不收」，或是毫無標準地刁難特定住戶，當然也是不行的！

管委會不幫忙代收的話，住戶該怎麼辦？

首先，要確認規約或區權會決議有沒有「授權」管委會可以不代收，有的話，住戶只好摸摸鼻子，認命另尋收件的管道（只好寄到公司、寄到男女朋友家）。

如果看到規定後，覺得標準訂的不合理、不公平，該規定有可能違反比例原則、公序良俗或權利濫用禁止等法律原則，此時可向法院提告民事，要求法院判決確認區權會的決議無效。

如果規約或區權會決議已要求管委會代收包裹，但管委會視若無睹，不依照管理規則就隨便亂來，住戶可以向地方政府的主管機關檢舉，請政府來處理、**開罰管委會**，要求他們履行職責；當管委會一直不改進的時候，政府甚至還可以連續開罰，**罰到改善為止**[1]。既然政府有這種手段，住戶就不用再擔心管委會仗勢欺人啦！

做人比做事重要，想要管委會幫忙，當然要先搞好關係！

其實最好的方法就是直接在區權會提議，無論是管委會想把保管期限從3天縮短到1天，或是住戶想把收件數從3件增加到6件或更多，只要在區權會開會的時候討論、互相協調、通過新的決議，就能達成共識，維護鄰里和諧，也不用等法院或政府處理到天荒地老了。

所以說，平時多敦親睦鄰、關懷一下鄰居也是很重要的，才不會在區權會中表決一直輸人家！被當**社區邊緣人**就算了，如果連買個網拍紓壓一下也要被人限制，那還真的是很口憐啦……

1 公寓大廈管理條例第48條：「有下列行為之一者，由直轄市、縣（市）主管機關處新臺幣一千元以上五千元以下罰鍰，並得令其限期改善或履行義務、職務；屆期不改善或不履行者，得連續處罰：……四、管理負責人、主任委員或管理委員無正當理由未執行第三十六條第一款、第五款至第十二款所定之職務，顯然影響住戶權益者。」

54 跟爛人分手後，請記得把禮物要回來！

送禮物的時候有沒有表明「前提」，
關係到能不能把禮物要回來～

A在網路上認識了B之後，為了討對方歡心，不但花錢買手機、包包送給B，甚至還幫忙付抽脂手術的費用，交往沒幾個月，錢倒是花的不少！現在分手了，A超級不爽，花錢事小，被玩弄的感覺很不好，就要B把禮物通通還來，可以嗎？

只要送禮物有「前提」，就一切都好說

情侶之間在特殊節日互贈禮物，是再正常不過的事了！在禮物沒送出去之前，當然可以反悔，但是送出去之後還能不能要回來呢？其實是要區分情況討論的。

在不少情況下，送禮物的人並不是單純的想表達真心，可能兼有其他「目的」，比如說：應該很難想像一個人在交往期間，隨便買下一棟房子送給交往對象，只是看著對方深情說：「我什麼回報都不要！」（有的話拜託介紹給我！）

這種時候，收禮物的一方可能會說：幹嘛突然這樣啦？接著，送禮物的人就可能會說出他送禮物的用意，比如：「**我們以結婚為前提交往吧！**」

如果是這種情境下的贈與，事後分手了，贈與人如果能證明贈與當時是有**「附條件」**的，也就是以完成某件事，比如結婚，或是以不能做什麼事，比如交往期間不能劈腿，來當作送東西的條件；又或者是**「附負擔」**，像是收到禮物起的半年間，每天睡前都要與你通話半小時……

在有這些前提下，而條件又無法被滿足或被違反了的情況下，在法律上就有機會向對方把禮物要回來哦！

但是，如果你送禮物的當下什麼也沒說，可能是處在粉紅戀愛泡泡中，幸福的不能自拔，覺得對方怎麼看怎麼可愛的狀態，就容易被解讀為「沒有保留又心甘情願的贈與」，基本上就比較沒有辦法再把禮物要回來了。

當然，有一種特殊情況，就另當別論了。比如收禮物的人實在太喜歡這個禮物，擔心有一天會被要回去，就把贈與人殺死了……(也太極端了吧?!) 這種情況之下，贈與人的繼承人就**可以把禮物要回來了**[1]，不過要是真的這樣，你也要檢討一下自己找對象的眼光……嗯，也沒有下一次了！

對方欺騙我的感情，我要告他詐欺！

萬一對方是爛軟男、愛情騙子，交往過程中把自己的身世說得多悲苦、人生多生無可戀，沒想到是利用我的善良欺騙感情，真身是妻妾成群的甘蔗男！這種時候上得了法院嗎？

嗯~如果是「感情」騙子，對方是詐騙取你的信任和他交往，由於詐欺罪是保護「財產」上的利益，可是感情不是財產，所以法院面對這種情況也只能兩手一攤，莫可奈何的哦！

「可是他利用我跟他交往的信任，跟我借一堆錢，我也好心送他一堆東西，這樣還不算詐欺我的財產嗎？」

這種狀況，就要區分情況來講，如果對方是告訴你爸爸車禍要借錢，實際上他爸爸根本好端端的、也從來就沒有要還錢的意思，這種情況不論是否在交往過程中發生的，都是典型的詐欺！因為對方捏造一個不存在的前提要求你把錢借給他，而且他在借錢當下也沒打算要還你。

另一種狀況就比較麻煩了，如果你是因為對方說：「如果你真的愛我，就送我哀鳳13天峰藍！」而送對方禮物，這種情況對方只是用感情因素作為誘因，**並未施用詐術**，而你對於要送對方禮物的這件事也沒有認識錯誤，因此是不會構成詐欺的哦！

總結來說，面對愛情騙子，只有財產的交付有可能構成詐欺罪，但即便有交付財產，也要看交付的當下對方有沒有編織謊言，使你認知錯誤後處分財產，萬一是對方光是撒嬌，你就受不了了，還是不要上法院吧，以免丟臉！

---

1 民法第416條第1項第1款：「受贈人對於贈與人，有左列情事之一者，贈與人得撤銷其贈與：一、對於贈與人、其配偶、直系血親、三親等內旁系血親或二親等內姻親，有**故意侵害之行為，依刑法有處罰之明文**者。」

55 上下班出了車禍，記得叫老闆負責！

沒錯，所以老闆可能比你父母還要擔心你的行車安全喔～

前陣子一則引起社會議論的案子，台南有一名66歲的大夜班保全，在清晨下班後想說到附近的中山東路吃鹹粥當早餐，沒想到竟然在吃完返家的途中發生車禍，導致他頭部受有嚴重損害，於是他便在二〇一四年向勞保局申請總共17萬9千多元的職業傷害及醫療給付。

但沒想到遭勞保局認為他下班後**順路回家**的路線上明明就有各式中西式早餐店，偏偏要多繞5分鐘的路程跑去吃鹹粥，認為這已經不是**「上下班途中的合理路徑」**為由拒絕，可是到了法院卻大逆轉。

法官說：「一位長年住台南的年長者，值夜班後，早上7點下班後順道去喝一碗台南傳統美食鹹粥當作早餐，確屬一天的小確幸，亦為台南年長者的習性，並不為過，應屬日常生活所必需之私人行為，被告執意認原告可以選擇到其他路線的早餐店用餐，顯以北部或外地人的思考，未考量台南人年長者及台南在地人早餐的傳統，地區性的特質所致，自非可採。」一判決勞保局應該給付給保全職業傷害給付……

本來以為不吃早餐是一件很Rocker的事，現在知道吃早餐還可算是職業傷害，可以請領勞保或要求老闆負責……明天開始還不吃爆！

原來下班途中出車禍，也能算職業災害

在勞動基準法（勞基法）有關職業災害補償的規定中，勞工若是遇上職業災害，導致自己有醫療費支出，或是因療養而暫時無法工作時，老闆有義務要給勞工一筆補償費，讓員工好好安心養傷。

勞基法雖規定勞工遇上職業災害時，雇主應負擔補償責任，但什麼是職業災害卻沒有在法律中做明確定義，不過依據**勞工保險條例的相關規定**[1]中有提到，上下班途中（適當時間內），通勤過程所受的傷害也是一種職業災害。

法院的見解也指出，解釋職業災害應該參照勞工保險條例的規定，勞工不僅於上班時受傷或職業病才算職業災害，**甚至在上下班途中發生事故時**，勞工也可以主張通勤事故或是職業災害，雇主要依勞基法負擔**補償責任**[2]。

可以請勞保也可以跟雇主要求補償、兩邊都撈嗎？

或許不少老闆會質疑員工下班後既然無法管控他的行為，為何下班後出了事情還要負責？這是因為勞基法中，雇主的「補償責任」是採取**「無過失責任」**主義，也就是不管雇主在防範職災事故上有沒有過失，即便沒過失，雇主原則上都應該為勞工的職業災害負擔補償責任。

不過，若是雇主平常依法都有幫員工投保勞工保險（勞保），因為勞基法的規定是：員工如果因為同一職災事故，也能依勞工保險條例請求給付「職業傷病補償金」時，雇主便可以要求就原先已支付

的補償費來抵充，所以除非勞保的給付部份不足，否則勞工是沒有辦法一面請領勞保、一面又跟老闆伸手要錢的哦。

所以雇主如果有乖乖替勞工繳勞保費用，還是有好處的喔！等於一大部分的補償費用**（約5～7成）仍是由國家負擔**，也分散了雇主職災補償風險。

所以下班出事了，都可以有老闆替我扛？

當然不是囉！否則這樣以後誰還要當老闆？勞工可別因此覺得下班後的任何事故都可以叫雇主負擔補償責任喔，若是勞工在下班途中後另外從事**「非日常生活所需之私人行為」**，例如下班後上陽明山看夜景、揪友夜唱等行為，顯然並非個人日常生活之行為，這種情況下如果出事了，過往法院就認為，這種時候已經脫離雇主依勞基法保障員工的**合理範疇**[3]，所以雇主不用負責。

反之，若是個人在下班途中去做一些日常生活上必要的行為，例如順路買菜、加油、接送小孩下課等，且從事的時間極為短暫，原則上也都可以被當作是合理的日常生活行為，出事了，雇主還是有補償責任的問題。

不過，員工發生事故前所做的行為是否屬於「合理的日常生活行為」？還是有許多模糊的空間，很多時候需要由法院依個案情形判斷，所以說下班後沒事還是早點回家啦～

另外，如果勞工有**違反交通法令或是其他違法的行為時**，例如開車闖紅燈、無照駕駛、酒駕等等，犯下這種蠢事當然應該要針對自己違法的行為來負責，更不可能被認定成職業傷害，還來要求雇主幫你擦屁股啦！

1 勞工保險被保險人因執行職務而致傷病審查準則第4條：「(i)被保險人上、下班，於適當時間，從日常居、住處所往返就業場所，或因從事二份以上工作而往返於就業場所間之應經途中發生事故而致之傷害，視為職業傷害。(ii)被保險人為在學學生或建教合作班學生，於上、下班適當時間直接往返學校與就業場所之應經途中發生事故而致之傷害，亦同。」

2 最高法院九二年度台上字1960號判決。

3 最高法院一〇一年度台上字第544號判決。

Vol. 4

法洞大開

奧步真多，法庭根本就是人性修羅場！

56 為什麼有些律師說：「告刑事吧，反正不用錢，告輸也不會怎麼樣！」

提告刑事，不用繳錢（訴訟費），而且即便告輸，也不太容易變成誣告罪！

很多奇怪的廣告像是「如何0元買房」、「0元手機帶回家」，每次看到這種廣告台詞都會覺得有點心癢癢，也不禁讓我想到，坊間為何沒有人標榜「0元律師」、「提告免費」呢？

其實，還真的有這些東西！但只是不太會成為律師行銷自己的台詞就是了，畢竟律師在那邊敲鑼打鼓宣傳像賣東西一樣，還真的怪怪滴～

0元律師是怎麼回事？

0元律師在前面章節有提到了，就是所謂的**「法扶律師」**，只要符合特定資格，譬如低收入戶、原住民身分、不要太不合理的案件，就可以獲得**法律扶助基金會**的協助，免費分派一名律師處理你所遇到的法律問題。

律師不用錢，那上法院呢？我們都知道向政府機關申請任何東西，都要支付一些規費，作為機關營運必要的費用，在法院提告也一樣，而繳給法院的規費稱做**「訴訟費」**或**「裁判費」**，兩種詞彙都有人用。在**一審（地方法院）**提告時，訴訟費大約是請求金額的**1.1%左右**[1]（請求100萬，則須繳交的訴訟費是10,900元），如果將來上訴到**二審（高**

等法院）、三審（最高法院），則是上訴金額的1.6%左右，通常也是一筆不小的開銷。

很多人的狀況是明明對方欠我錢、對方應該賠償給身為被害人的我，如果提告還要先繳錢給法院，總不免讓人擔心，**會不會提告後反而虧更多**？

而且，就算贏了也要擔心對方到底有沒有錢，不然也只是收到一張法院的壁紙，空歡喜一場而已！但因為個資法保護的關係，一般人哪有辦法查到對方有沒有財產？更別說意識到對方正在脫產了，又不是住在他家隔壁，每天都知道他家少了一點什麼！

也可以先提告刑事，不用錢！

因此，你很有可能聽到一個建議：**提告刑事吧**，先用0成本的刑事告訴來逼對方就範。為什麼提告刑事不用錢？這是因為刑事程序是設計用來追訴犯罪的，具有**公益性**，與民事只單純處理私人間財產或親屬的糾紛不同，政府沒有理由讓打擊犯罪這件事因為要收費而變得更困難，所以說，提告刑事是不用錢的～

「不用找律師，自己提告？」可以，連律師費都免了。

「不用繳錢給地檢署？」對，免訴訟費。

刑事告輸了，也不太會有誣告罪的問題？

很多人都聽過誣告罪，可能也知道它的刑度不低（7年以下有期徒刑），許多人會誤以為只要刑事告輸了（檢察官對被告**做出不起訴處分**[2]）可能就會面臨誣告罪的問題！但很少人知道，**構成誣告罪其實超級困難的**，實務上很多「衰人」即便是被人亂告一通，最後想要另外反提誣告罪報復對方，卻還是失敗的例子。最主要的原因是，過往法院在判斷一個人告刑事告輸後，是否構成誣告罪，除了要有**誣告的「故意」**外，所申告的事實還必需要是**「憑空揑造」**，才會構成。

有在實務打滾過的律師都知道：這超難構成的！因為把誣告罪限於**「憑空揑造事實」**才構成犯罪的意思就是：只要有一丁點**「合理懷疑」**的提告，就不會構成誣告罪！舉凡是誤信、誤解、誤認或懷疑，甚至精神疾病造成的被害幻想而提告的刑事案件，即便告不成，還是不構成誣告罪。

所以提告不成，只要能夠說出自己為何懷疑對方犯罪，通常都不太會構成誣告罪。也因為誣告罪本身這樣高的成罪門檻，導致實務上很多人都亂告一通，最後依然沒有因此受到誣告罪處罰的情形。

不過，**檢察官也不是吃素的**，如果你提告的理由太瞎或以刑逼民的意圖太過明顯，也是可能反過來分案偵辦你的濫訴誣告行為，一出你增加他工作量的怨氣，雖然這類例子不多，但還真的有看過喔！

---

1 可以估狗「民事裁判費試算表」，便會有司法院所製作的訴訟費計算程式可以供民眾自行試算。

2 一般對於刑事案件的輸贏理解是，如果以今天身為告訴人（控訴對方犯罪）的立場來看，被告被檢察官所「起訴」這算告贏，被告被「不起訴」這算告輸。

57 第一次被告就上手！犯刑事罪也能不用被關的條件

萬一不幸被人告，以為人生從此變黑白！其實也不用這麼悲觀，重點是要懂這些小撇步！

人生總有許多值得向人炫耀的第一次，譬如第一次上電視、第一次被記者採訪，但我想值得炫耀的第一次應該不包括：**第一次因為犯罪而上電視被記者採訪**。

但假如真的就是不小心誤觸了法律，得要擔心什麼呢？究竟怎麼樣才能盡量減輕責任，甚至讓自己維持白紙一張的紀錄呢？

犯罪卻不用被關的3個重點：❶**涉犯的是輕罪**、❷**偵查檢察官或審判法官同情**、❸**執行檢察官同意**。

欸～網路鄉民都認為：「不是整部刑法中犯罪的人都唯一死刑嗎？怎麼還有分輕重？基本上，會被律師認為屬於輕罪，甚至當事人來諮詢時還可能會回對方：「這個不一定要請律師」的犯罪類型，是要看這是否屬於有機會獲得「緩起訴」、「易科罰金」的刑事責任。

緩起訴的前提是，死刑、無期徒刑或最輕本刑3年以上有期徒刑**「以外」**的罪；**易科罰金**的前提則是，最重本刑為5年以下有期徒刑，而且個案中被法院宣判6個月以下的有期徒刑。譬如夜店撿屍會構成乘機性交罪，法定刑度是「3年以上10年以下有期徒刑」，最輕本刑是3年、最重本刑是10年，就是屬於無法緩起訴、易科罰金的案子。

有些刑責因為法律所規定最輕的刑度就已經超標，所以即便被告在法庭上看起來多像乖寶寶、法官和檢察官多麼同情你，也都無法透過「緩起訴」或「易科罰金」來幫你解套。譬如很多人以為說個謊沒什麼大不了，但在法庭上作證時說謊可不是鬧著玩的，這會有**偽證罪**的問題，刑度是**「7年以下有期徒刑」**，將來如果因此被移送偵辦，是完全沒機會拚易科罰金的，也確實有不少人因偽證而被關喔。

另外，輕罪不是萬靈丹，如果重複性地一再犯各種輕罪，也會因為「累犯」的規定而被加重刑責，在**相關規定**[1]中也有要求故意犯罪3次以上，執行檢察官不應准許易服社會勞動的聲請。

不想被關就得先認清檢方跟法院的工作內容

身為被告，如果是朝認罪爭取輕判的方向進行訴訟，那麼就必需先了解有哪幾種解套方案：

❶偵查中

檢察官如果認為案件輕微、犯後態度良好、**有跟被害人達成和解**[2]等等，有可能直接透過「緩起訴」來結案，由於這種情形連罰錢都不用，**絕對是被告的第一志願**。

除此之外，如果被告選擇認罪，檢察官也可以聲請**「簡易判決處刑」**這種方式，因為法官能夠做的判決類型**受到限制**[3]，被告也不用被關，但就是可能會被判可以易科罰金的刑度，多數情形還是需要繳一些罰金。

❷審判中

案子進到法院後，變成是由法官說了算，被告在觸犯刑責後希望可以避掉牢獄之災，則只能期望法官判**「無罪」**、**「緩刑」**、**「得易科罰金」**這三種。

依據司法院所公布的資料，被起訴後，被判「無罪」的機率大概只有10%～15%，所以如果要拼無罪，建議要找律師好好討論策略；如果涉犯的是輕罪，被告選擇透過認罪、和解來去爭取「緩刑」、「得易科罰金」**（繳錢給國庫換自由，被告不會因此被關）**的判決，多數情形中，所耗費的成本反而是比較低的；譬如要不斷開庭所花費的時間、律師費、將來可能面臨上訴等，這些都是被告選擇拼無罪時所必需考慮的。

法院同意我花錢買自由，整件訴訟就功德圓滿了嗎？

還沒完，過去就有人明明獲得法院的輕判，獲判「得易科罰金」的判決，但在前往地檢署要辦理易科罰金時，卻遭執行檢察官拒絕而遭發監執行的。最主要的原因是，刑法關於易科罰金的規定中，設了一個例外，讓**「執行檢察官」**[4]可以判斷被告會不會因為「易科罰金」而導致「難收矯正之效」或「難以維持法秩序」的情形。

在二〇一八年就有一名被告，開車拒絕臨檢、加速逃逸還撞傷一名機車騎士，被警方持槍制伏，雖然法院很給機會只判他6個月有期徒刑，得易科罰金18萬，但在執行階段檢察官認為這名被告過去曾因另案而入監服刑，出獄後還拒絕臨檢，甚至危險駕駛撞上無辜騎士，如果讓他繳罰金就了事，恐怕無法矯正他的惡行，因此該案的檢察官拒絕了易科罰金，直接把這名被告送去監獄執行。

所以說，收到「得易科罰金」的判決後，還不能完全放寬心，當然最理想的狀況還是希望大家都當個守法的好公民，沒事像我一樣多拜喵大神、每天吸喵，就不會遇到這些煩惱啦！

---

1 檢察機關辦理易服社會勞動作業要點。

2 依照刑事訴訟法的規定，檢察官要給予緩起訴，需要考量的有：一、犯罪之動機、目的。二、犯罪時所受之刺激。三、犯罪之手段。四、犯罪行為人之生活狀況。五、犯罪行為人之品行。六、犯罪行為人之智識程度。七、犯罪行為人與被害人之關係。八、犯罪行為人違反義務之程度。九、犯罪所生之危險或損害。十、犯罪後之態度。

3 檢察官如果選擇聲請「簡易判決處刑」，法院能做的判決只有「宣告緩刑、得易科罰金或得易服社會勞動之有期徒刑及拘役或罰金」這幾種讓被告可以不用被關的類型。

4 檢察官在任務分配上，有分成偵查、公訴、執行三種，偵查檢察官就是地檢署第一線的檢察官、公訴檢察官則是案件起訴後在法院辦案的、執行檢察官則是處理判決確定後的事宜。

58 上法院用這招拖延時間就對了?!

(1) 台灣的最高紀錄是一個刑事案件打了47年！為了拖時間而使出的奇怪招式很多，但大家聽聽就好，不要亂學。

(2) 獵奇卻合法的拖時間招式：要求傳喚證人交互詰問、聲請鑑定、擠牙膏式的陳報資料。

打個官司卻想盡辦法拖時間很怪嗎？有這樣想法的人可多的了～最常見的原因是債務人想要爭取時間好好籌錢，或者趕快先把財產移轉出去……還移轉勒，根本就是**脫產**啦！

刑事案件拖時間則是常見於政客或大老闆的案子中，因為案子久了，群眾關注度跟憤恨程度會降低，通常有利於案件結果，之前某立委當到一半才因20年前的案件判決確定被抓去服刑，期間立委跟縣市首長也都當好幾任去了～

疫情爆發期間，不少中小企業主因為資金軋不過來而面臨經營危機，對債主來說，這種非常時期也很難信任債務人的信用，放下去的錢如果不收回來，最後不是人跑了，就是被其他債權人收走，因此肯定緊盯著債務人不放。

一般來說，倘若是把債權賣給資產管理公司，那種肯定很難講道理，現實中是不太可能發生電影當男人戀愛時的主角阿成那樣，把討債當作慈善在做的浪漫情節。

不過呢，江湖是講**情**（ㄑㄩㄢˊ）**份**（ㄊㄡˊ）的地方，法院則是談道理的所在，法院既然自詡為超然中立的裁判者，那就應該想辦法兼顧公平正義以及當事人的需求，這樣的包袱，或許就有幾個可以上下其手的地方，對於需要以拖待變的當事人來說，也不是沒有著力之處！

「打官司要多久？」不要問，很可怕！

通常打官司所要耗費的時間，即便是經驗老道的律師，可能也無法給出一個太精確的預測，因為會影響訴訟時間的因素實在太多了，從當事人主張的內容、複雜程度，到被告的答辯方向、律師的訴訟策略、法官的心證等，全部都可以影響到官司運作的時間。

從大數據來看，其實司法院是有做過歷年的統計，以二〇一九年地方法院的數據為例，**民事簡易訴訟**（訴訟金額低於50萬）平均審理期間是90天左右、**家事事件**平均耗費162天左右、**重大刑事案件**則是313天！光是同一個地方法院，針對不同的案件類型，法官在審理時所耗費的時間就可以差距如此大，你就知道「打官司要多久」這個問題為什麼不要問了。

官方數字是34天，不管你信不信，反正我是不信了！[1]

司法院曾經做過一項統計，有點刻意地把一般民事案件的審理時間，跟其他可以快速結案的非訟事件，例如：本票裁定、支付命令，這些往往2、3個禮拜就有結果的綁在一起統計，產生了一個很弔詭的數據：平均34天！

如果你以為打官司花1個月結果就出來了，那可真的大錯特錯！地院平均審理期間「34天」這個數字，**就跟隨便抓一個流浪漢跟郭台銘兩個人的財富平均一下，就認定一般人年收入大概有個幾億元，是同樣的意思！**

訴訟案件（俗稱的**打官司**）跟非訟案件（一些比較單純的**聲請**），要花的時間跟成本實在差太多了，但司法院卻把這兩個本質上相差很多的東西放在一起統計?!

根據我過去自己的經驗，一般的民事訴訟基本上會抓半年~1年的時間，才能得到一個結果，超過這時間的也是很常見的；如果不幸（或者對某些人而言是幸運），遇到法官輪調而更換法官，可能會拖上更久的時間，至少在地院就打了2年的官司，我自己在執業過程中確實也遇到過。

這種要求從來沒聽過，內行人都用這招拖延訴訟

雖然法院審理的期限大概需要半年~1年左右的時間，但對有些人來說，他可能是希望透過訴訟的假扣押或訴訟繫屬登記來「卡」對方的資產，又或者是自己需要一點時間周轉，不期望判決太快下來，這時候該怎麼辦呢？

經過前面的介紹應該就知道，其實即使民眾沒有特別去拖時間，法官平常因為案件量太多太忙碌，

本身就很會拖時間了，但如果你覺得半年、1年都還是不太夠，就是希望再拖久一點可以嗎？

除了刑事案件在偵查過程中檢察官會比較主動、很難拖延以外，刑事庭法院或是民事庭法院都有一些方法可以嘗試緩和一下開庭的節奏的。特別是刑事庭法院，有些會爭執偵查過程中，檢察官所使用的證據的**證據能力**，譬如說某個搜索是非法搜索，搜到的東西不能用；又例如警局筆錄、偵查訊問筆錄，**要求傳喚這些證人蒞庭交互詰問**；也有的人會主動提供一系列名單請求法院調查對我方有利的證人。

要知道，**刑事交互詰問**的程序可能是很冗長的，通常光是詰問就會排一個庭期，這之間如果證人請假、生病、出國，由於證人的陳述不易取代，除非法院認為沒有必要再行傳喚，否則就會再行傳喚證人到場。

除此之外，**聲請鑑定**也是一個方法，由於鑑定往往是囑託專業機構來進行，光是**法院行文**給合格的鑑定機構，鑑定機構評估後**答覆可否**，**提出報價單**給法院，法院再要求**當事人繳納**，鑑定機構擇日**前往鑑定**，之後再提出**鑑定報告**，這之中可就要花費數個月的時間！當然，鑑定費用通常都不便宜，而且也是要由聲請調查的當事人先行墊付的，這可能也會是無形的成本。

再來就是**擠牙膏式的陳報資料**，特別在一些重大的金融案件裡，如果牽扯刑事責任以及民事賠償，也可以用**卷證浩繁**當作理由，請求法院同意給我方多一點的時間閱讀卷宗，並提出請求依據或答辯，並且逐次提出資料，意思意思讓法院能夠掌握案件有進展，實際上案件進行仍然被緊緊抓在兩造手中，因為只要提告這方**緩慢提出主張**，對方也沒辦法**快速答辯**使法院確認我們的主張無理由。

不過，我通常會說：「一般我們是不會建議民眾刻意去拖時間啦！」實在不想淌這渾水亂教人家。有一次我遇到一個比較會聊天的當事人繼續跟我聊著，我不小心多說了一點：「但有些人可能會買張機票請假說要出國、請病假，法院通常也不會說什麼就直接取消掉這次開庭；為了重新安排開庭喬時間，可能就多拖了2、3個月過去。」

「還有更壞的！有人因為覺得自己要輸了，希望爭取時間苟延殘喘一下，或者藉機脫產，竟然還說法官不公正有偏頗的疑慮，去聲請法官迴避，法院為了調查這種事情就花了半年多將近1年時間調查，然後這人竟然還覺得賺到了～」

看到眼前客戶眼睛一亮、彷彿有了某種念頭油然而生，我趕緊補充：「啊，但我不是要教你使什麼賤招，希望你不要真的這麼做，有時候還是會有一些代價的……」

---

1 一般刑事案件這邊先不談，因為涉及了地檢署的偵查期間跟起訴後到了地方法院審理的期間兩個比較複雜。

59 這個法官太機車，我們可以想換就換嗎？

雖然曾經有人成功過，但多數是被打槍的，有更多人聲請法官迴避只是為了其他目的。

二〇一六年民進黨執政後設立不當黨產處理委員會以及促進轉型正義委員會，共同處理台灣民主化前的威權遺緒，卻引發「東廠疑雲」，後來黨產會與國民黨的案件也遭行政法院向大法官聲請釋憲。

過程中國民黨針對大法官的立場有所懷疑，對部分的大法官**聲請迴避**（換法官），就怕顏色太過鮮明，反而亂了法庭追求公平正義的理念；而大法官宣告合憲之後，黨產會針對後續與國民黨的訴訟，也聲請幾位高等行政法院的承審法官迴避。

雖然兩邊的聲請結果都被駁回，不過法律既然有規定可以改換法官，似乎遇到只有立場沒有是非的法官，也還真的可以說換就換！如果覺得眼前這個法官已經十分偏頗、不公平、或對我有了定見，想要主張換法官該怎麼做呢？

有關係就是沒關係！法律規定可以撤換法官的情況

事實上，法律也承認即便是自詡超然中立的法官，也不免有人性徇私的一面，為了擔保法官的個人清白和司法的純潔，法律直接在幾種情況下認為法官不適合審理案件：⑴法官與當事人中一人，有配偶、前配偶或未婚配偶、8親等內之血親或5親等內之姻親的關係、⑵跟對方存在共同權利或共同義務，像是共有土地，又或是曾經擔任過對方的訴訟代理人，或是在這個案件以前擔任過證人或鑑定人。

事實上，光是包括了8親等內之血親或5親等內之姻親，就可以牽拖很遠了！譬如法官的堂伯叔的孫女（祖父母的兄弟的孫女），一般人可能已經根本不認得了，**即便是這麼遠的親戚關係也不過7親等而已**，這都在法律上明定承審法官應該要自行迴避的事由裡。

除此之外，如果這個法官是這個案件的下級審法官，像是你上訴之後，原本在一審判你輸的法官因為升遷，現在成為你案件的二審法官，發現你居然不服他的判決，他可能會想：「嘿嘿~又遇到我了吧！敢挑我判決的毛病，還不讓你死得心服口服！」由於很難期待他有勇氣承認自己判決的瑕疵，這種情況也是可以聲請迴避的。

沒關係也是有關係！法官很偏頗時可以撤換

如果法官沒有這些特殊關係，卻非常偏頗，認為沒關係的你，在這個案件裡怎麼辯都擺脫不了關係，當事人其實也可以用法官**「執行職務有偏頗之虞」**作為理由來聲請法官迴避，但因為怎樣算偏頗，實在很難有明確標準，所以聲請人就必須要拿出充分的證據積極向法院說明。

因為聲請是對法院提出，球員當裁判的事情太難看了，法律自己也知道，當然不可能由這個被指摘不公正的法官來自行審理，所以依法必須由這名法官所屬的法院選出3名法官，以合議的方式來做決定。

「執行職務有偏頗之虞」竟然由法官同事來認定?!

既然說到以「執行職務有偏頗之虞」聲請迴避，講白了就是由這名偏頗法官的同事來做審理，這簡直就是**法官的人際關係大考驗**？

欸~好像不是這樣說的，同事人緣好壞或許是原因之一，但**實際上多數聲請法官迴避的案件，都是被駁回的**，不禁讓人懷疑是不是另類的**「有關係就沒關係」**？不過客觀來說，其實要證明法官「執行職務有偏頗之虞」還真的有點困難，很大一個原因是，法律上准許法官可以在訴訟過程中，適時的說明訴訟關係、分析得失給雙方、試著勸雙方和解，很多案件就是在這個過程中，讓當事人感覺法官怎麼在質疑自己的主張？怎麼都幫對方講話？便說法官不公平、要求換法官！

但實際上，這確實都是**法律要求法官這麼做的**，法律除了讓法官可以判案外，還希望法官可以在案件中扮演和事佬的角色，以及避免民眾在打官司的過程中，什麼都還不清楚就莫名被判了敗訴。

有人更換法官成功過嗎？

還真的有！二〇一八年就曾有一個當事人在高等法院的一起民事訴訟中，聲請法官迴避成功的。這個案件中法官曾勸雙方和解，因為勸和解的過程中法官會將雙方輪流請出法庭外只留一方下來，藉此瞭解當事人內心真正的想法以及有沒有和解的可能？案件中的法官便在這個時間點**把錄音機給暫時關閉了**。

身為案件原告的債權人這一方，在這個過程中被法官質疑，依據調閱到的資產負債表資料顯示，債權人似乎有做假帳的情形，法官認為債權人雖然一審勝訴，但調出來的資料顯示對債權人不利，便勸債權人這邊要不要考慮跟對方和解？但債權人非常不爽，覺得自己受到法官的恐嚇，主張這個法官是藉由告發債權人犯罪來逼迫自己與債務人和解，於是便向高等法院聲請了迴避。

高院合議庭在審理過程也發現這個案子中錄音機確實有被關掉過，加上承審法官也承認確實有在勸和解過程中，質疑對方有犯罪情形，合議庭把這2個因素綜合考量後，認為承審法官有點撈過界，不應該在民事返還借款的案件中，反過來調查債權人的其他犯罪，合議庭最終認定債權人的質疑有成立的可能性，因此裁定這個法官應該要迴避。

最後的結局是，這名法官也很不爽的投書，然後就辭職去當律師了！……好像說遠了，但總之確實曾有過聲請法官迴避成功的案子，但近10年下來大概也就這麼幾起了，多數的聲請都還是被駁回的喔！

既然失敗率這麼高，為什麼還有人喜歡一直聲請法官迴避？

先跟你說清楚啦！聲請法官迴避失敗的下場就是：**這個你看不順眼的法官會繼續審理你的案子**，而且他還知道你去向法院「投訴」他偏頗、不公平！所以法官在後續的審理中應該也不會給你太好的臉色看。

也就是說，聲請法官迴避失敗的話，官司大概也會跟著輸輸去，所以一般理性的人沒有十足把握，應該不會輕易去聲請法官迴避、更換法官，但為什麼實務上還是很多人像飛蛾撲火般地去聲請呢？

有2種常見的心態：

❶ 反正讓這個法官繼續審理一定輸，不如死馬當活馬醫，試試看！

❷ 既然輸定了，拖個時間讓敗訴的判決晚點出來也好。

不可諱言地，實務上我自己看過很多人是因為拖時間的理由在聲請法官迴避的，有些人爭取時間可能單純是鴕鳥心態，再更邪惡一點的，可能是為了爭取時間來**脫產跟藏錢**。

再講個故事，以前在某次法律諮詢時，我曾聽過一位民眾得意地說自己之前聲請法官迴避，結果案件因此拖了1年，他來諮詢問說，自己可不可以二審時再聲請一次、多拖個1年……

「你可不可以不要這麼壞？」我心裡這麼想。「umm～法律上是沒有說不行啦，不過……」我嘴裡這麼說著，實在不想跟這種人多浪費時間說話，只想趕快把他打發走。

(1) 有時可以、有時不行，法官還曾經為此表示：「法院不是給你這樣玩的！罰6萬元！」

(2) 一事不再理，但你要重複提告，法院也只能摸摸鼻子跑個程序跟你說不行！

60 絕對告好告滿！告人告輸了，能換個理由一告再告嗎？

告人一次告不贏、上訴又嫌裁判費太貴或太麻煩，那直接再告一波可以嗎？就像抽獎的概念一樣，多試幾次成功的機率就會高一些吧？問題是可以一告再告嗎？

訴訟過程可能會因為案件的體質、不同的法官、不同的律師等因素，導致訴訟成敗帶有一點風險跟不確定性，但願意投入成本來告人（訴訟）的人，多少是對結果抱有強烈的期待的，既然如此有些人可能會想，錢能解決的問題都是小事，我都願意用魔法小卡的力量來刷手遊抽卡了，對於重要的訴訟有什麼理由說放棄就放棄呢？更何況刑事訴訟還**不需要成本**呢！我要告、全都告，絕對告好告滿！

結果進入訴訟後，才發覺法官太機車聽不懂人話、對方律師太強大、自己的律師太混又太弱，當然是輸得慘慘的！但這是技術問題啊大大～不免興起一股念頭：「重來！重來！這次不算，可不可以換個理由再告一次？」、「告人一次告不贏，多試幾次、換個法官，總有一次會成功吧？」

也有一些奇怪的理由，單純只是太不爽對方，知道自己提告之後，對方勢必得要花時間來開庭，縱使告不贏，看對方跑跑法院緊張兮兮的模樣也爽！或是十分享受在第三人（法官、檢察官）面前用言語修理對方的愉悅，就像已故的政治評論家李敖先生就曾說過自己很「享受」打官司，他曾跟媒體說：「因為在過程裡，我可以公開羞辱你，是另一種勝利，也是享受。」這幾種情形，都是讓人想要不斷提告的原因。

告一次不夠，可以再告第二次？

有些人會跟你說不行，因為無論是民事還是刑事訴訟，都有一個叫做**「一事不再理」**的基本原則，如同字面的解讀，就是法院審理過的就不會再重複審理了，所以說「理論上」告過的東西是不能再重複提告的。但實務上呢？又被你抓到漏洞了！

一事不再理，所以只要改成不同的二件事，不就可以再……

所謂的「『一事』不再理的前提是「同一事實」（同一個案件），所以如果要針對同一個人提告個2345次，那麼就必需要說出這次提告為何是「不同的事實」？舉例來說，不同的時間、不同的地點、不同的對象、不同的行為或言談內容，都可能被解讀成是「不同的事實」。

例如，今天對方罵了你，可能有公然侮辱罪的問題、明天又罵一次，可能則是另一個公然侮辱罪；

實務上有些人擅於蒐證，**把對方不好的事情依照時間記上小本本**，然後分別當作不同的案件來提告，地檢署也受理了，甚至分別傳喚，讓對方1個月內**跑好幾趟地檢署……**

又或者對方欠錢不還，欠下幾百萬的債權，很多人借錢都是陸陸續續借的，這個月借錢說要周轉、下個月也借，說要還但一直沒還，雖然是同樣的債權人跟債務人，但分開簽的借據，**理論上都可以當作不同的債權**，債權人想要全部一起告節省自己時間沒問題，但如果債權人真的太不爽了，想要分開來提告？也是可以的！

重複提告會怎樣？會變誣告罪嗎？會被罰錢嗎？

假使是一事多告，一旦被發覺重複提告（同樣的被告、同樣的案件、同樣的事實、同樣的主張），不管是一個案子跑到**不同地檢署或法院**提告，或者是敗訴之後不服氣又重新提告，都會被**駁回請求**[1]；但如果有技巧性的以不同事件包裝過後再來提告，法院就只能摸摸鼻子受理之後進行審判。

不過，法院和檢察署也不是每次都能夠給你這樣玩的，舉例來，說如果是濫告刑事案件真的太過誇張，地檢署有另一種結案方式叫做**「行政簽結」**[2]，是連開庭都不用就可以結案的，特別可以用來處理民眾濫行告發政治人物，**「內亂罪」「外患罪」**[3]或其他莫須有的罪名。

而刑事法院，也會因為有檢察官幫忙當「篩子」，所以不至於需要面對民眾重複提告的麻煩。至於大家最擔心的**誣告罪**，目前法院主流見解認為，只要是對事實有所懷疑，請求法院公平審理，並不是全盤「捏造」的，就不會構成誣告罪，避免民眾不敢捍衛自己的權利，連法院都這樣說了，當然是要竭盡所能避免讓自己的權利睡著吧！

但民事法院就沒這麼幸運了，因為法院就是受理民眾請求的第一站，使得民事訴訟濫訴的情況也相當普遍，雖然**民事訴訟法的規定**[4]有一條提到，原告的提告如果「顯無理由」，法院可以直接不經言詞辯論就駁回之外，還能夠對原告處以**6萬元以下的罰鍰**，但實際上很少有法官會用這招修理人民啦。

欸～就在我們都這樣想的同時，最近竟然有民眾從一〇八年到一〇九年間告了數十個案子，告了一堆公務員跟法官，等到法院受理提告，他卻又不繳裁判費，導致整個法院為了他空轉，成為該法院惡名昭彰的濫訴達人，最後在一〇九年踢到鐵板！

承審法官就是依照民事訴訟法的規定，裁定罰他6萬元，還在判決書中交代了一句非常直白的警世語錄：「（前略）司法人員因而陷入窮忙，沒能把寶貴的時間精神勞力用在真正需要使用訴訟程序伸張權利、解決紛爭的人身上，才是原告的濫訴所造成最嚴重的浪費。本院因此依民事訴訟法第249條第3項規定，從重裁罰6萬元的罰鍰，給原告一個教訓，**讓原告知道，法院不是讓你這樣玩的**。」

這則判決一出爐，法界異口同聲的：「WOW！帥～」也告誡了眾人，千萬不要跟法院過不去，畢竟再怎麼說，司法機關也坐擁龐大的權力跟國家資源，玩弄法律玩上了火，可是會燒到自己身上的喔！

1 民事法院會以「裁定」駁回、地檢署會用下「不起訴處分」、刑事法院會下「免訴判決」。遇到同一件事，但法律卻各自有不同用語？嗯對，這就是法律。

2 可以用行政簽結略過開庭的情形有：
（一）匿名告發且告發內容空泛。（二）就已分案或結案之同一事實再重複告發。（三）依陳述事實或告發內容，顯與犯罪無關。（四）陳述事實或告發內容係虛擬或經驗上不可能。（五）對公務員依法執行公務不服而申告，但對構成刑責之要件嫌疑事實未有任何具體指摘，或提出相關事證或指出涉案事證所在。（六）經常提出申告之人，所告案件均查非事實或已判決無罪或不起訴處分確定，復再申告。

3 可以試試用「任一總統名稱＋外患罪」估狗一下，就會知道有多少人喜歡告發總統犯罪了。

4 民事訴訟法第249條第2、3項：「(ii)原告之訴，依其所訴之事實，在法律上顯無理由者，法院得不經言詞辯論，逕以判決駁回之。(iii)前項情形，法院得處原告新臺幣六萬元以下之罰鍰。」

61 收到「檢、警、調、院」4大通知書，不去會不會怎麼樣？

哩來！哩來！叫你不過來，那就我過去囉！

公家機關為了程序的正當和避免民眾受騙，通知民眾到場接受詢問或開庭時，依法還是要用書面的形式通知當事人。實務上所使用的通知，有法院的**開庭通知書**、地檢署的**傳票**、警察局地方分局的**通知書**、調查處或調查站的**通知書**等等，這些通知的差別在哪？收到通知可以不到場嗎？

什麼情況會收到通知書？

檢察官、警察、調查局為了追查犯罪，有必要約詢被告或關係人時，會寄發通知，因此，只要通知的抬頭是寫檢察署、警察局、調查局的，八九不離十都**與刑案有關係**。

警察機關作為第一線調查犯罪的機關，通常是由地方分局寄送「**通知書**」，通知被告或關係人至**分局偵查隊接受詢問**；如果是重大刑案或是公務員犯罪，則可能會由調查局寄送「**約談通知書**」，命受通知人至調查站或調查處接受約談。

如果收到的是地檢署的「**傳票**」，代表有權提起公訴及聲請羈押的檢察官要求你至**偵查庭**報到，到了這個階段，**通常警調都已經蒐集了相當**

的事證，由檢察官親自訊問犯嫌是否認罪、判斷有無必要聲請羈押等等。

至於民眾收到**法院的通知書**，多數是因民、刑事訴訟遭到起訴，通知被告有到場進行訴訟的權利或義務，或是雖然還沒被起訴，但因檢察官認為有逃亡、串證等可能性，有必要先聲請羈押，而由法院開羈押審理庭決定是否收押被告的情況。

收到各種通知書，需要注意些什麼？

❶收到通知書的第一件事，一定是先確認姓名等基本資料，看看通知書是不是給你的，再來是看這件通知書是哪個單位寄的？如同先前講到的，如果是**檢**、**警**、**調的通知書**，都和刑案有關，這可能代表你已經涉犯刑事不法或作為刑案的證人，而地檢署的傳票一定會有**地檢署**、**檢察官和書記官的簽章**；警察局通知書則會有**地方分局長的簽章**；調查局則是要有**主任或是處長的簽章**，這樣才真的有法律效力。

❷其次，要注意**被通知人的身分**是什麼？如果是**犯罪嫌疑人或被告**，代表你有絕對到場的義務，而且接下來會是接受審理的對象；如果是**證人或關係人**，有可能是事證有待釐清，需要借助證人陳述指明調查方向，證人雖然沒有辦法請求律師陪同，但在偵查中，有可能將證人轉成被告問訊，這時候在應訊前可以表明接受律師協助並要求暫停問訊。

❸再來要注意**「案由」**，指的是你涉案的原因，可能是竊盜、傷害等等，可以從這裡初步知道涉案

情節的輕重、是不是告訴乃論**（有機會撤告）**、以及需不需要找律師等等。

如果你真的沒有頭緒或是不太懂通知書的記載方式，可以撥打信封或通知書上承辦人的電話詢問到場的相關事宜，但在偵查階段的刑事案件，因為偵查不公開，不要奢望從書記官或檢警得知被告的具體理由，還是只能從案由和實際問訊的內容得知自己為什麼被告哦！

可以不理會這些通知書嗎？想請假該怎麼辦？

除了民事訴訟的通知，被告可以不到場外**（代價是可能敗訴判決）**，其餘情況收到通知書，原則上都要到場，通知書上一定會記載不到場的效果，軟的請不動力那只好來硬的，後續法院或檢察官會**核發拘票**，將你抓捕到場。

那萬一真的有事不能到場怎麼辦呢？最好要先跟通知單位請假！如果是**法院或是地檢署的通知**，原則上需要先打電話跟書記官說明不能到場的正當事由，取得同意後，再將證明和請假狀依照指示以郵寄或是傳真的方式送交通知機關。至於**調查局和警察局的通知**，比較彈性，可以用電話或是至警局向承辦人說明不能到場的原因，取得同意後再請對方改期就可以囉！

62 法院寄來的信不收是吧？小心房子突然被拍賣了都不知道！

法院的信務必要收，沒有例外！律師或債權人的信則可以不收，但最好不要啦～

阿彬欠了一些債，他深怕丟臉也怕人家來討錢，便決定電話不接、所有信件也都拒收，一律退信，但門口還是好幾次被貼上了疑似是法院的公文，他就直接撕掉。沒想到，某天書記官就跟警察一起上門，說是要查封他的房子。

先前新聞上也有一名基隆陳姓男子因未繳違規罰單累積共1.8萬元，家中老母不識字收到信也沒反應，結果呢，家中祖厝三樓透天房子就這麼遭法院給拍賣掉了……

「挖賽，不過沒收個信而已，有這麼嚴重喔？」

法院寄信給我要幹嘛？

普遍民眾的認知就是，收到法院的信準沒好事，一定會有些事情要去處理。而法院寄來的信件中，除了單純的開庭通知以外，也可能會收到民、刑事的裁定或判決。所以收到法院的信，要盡快拆開確認裡面的內容是什麼，才能準備下一步的動作。

不收法院的信不就可以了？

如果法院文書我打死都不收，卯起來退信，是不是永遠就不會開庭、訴訟就無法進行、法院就一直不會有判決？不要再繼續鴕鳥心態了！法律上對這樣的情況也是有應對機制的，不然國家的法律秩序就完全沒辦法維持了。

如果知道收信人住居所的情況，但是收信人一再退信，法院可以請郵差將信件留在警察機關，並將**「送達通知書」**黏在收信人的門口，通知收信人到警察局或其他公家機關去領這封信，如果一定期間後還是沒有人去領這封信，法律上也視同收信人已經收到那一封信了，這種方式稱作**「寄存送達」**。

若是收信人住居所不明的情況，法院也會將該信件的「送達通知書」張貼在法院的公布欄，並於法院網站上公告（即使平常不會有人特別去看），請收信人去聯繫書記官領取信件，若經過一段時間都沒有人去領取的話，也等同收信人已經收信了喔，這樣的方式則稱作**「公示送達」**。

如果開庭通知已經收信了卻放著不管他，在民事案件中法院可能就會以一造辯論判決，也就是法院只採納對方的意見就下判決（叫你來你不來，怎能怪法院），如果是刑事案件的話，則很有可能會直接**被警察拘提！**（請警察來把你上銬帶走）

而收到法院的裁定或判決卻晾在一旁的話，法律上會規定在裁判送到當事人手上後，只能在一定期間內**提起救濟**，若沒有於期間之內提起救濟（像是上訴），之後這些法院的裁判就會確定，屆時就幾乎沒有辦法去改變法院的決定了喔。若是刑事判決確定後，可能出現的結果會是**被罰錢**、**抓去關**等等，而民事判決可能出現的情況則是**財產被法院查封**、**拍賣**。

再回到我們開頭的例子中，阿彬的情況應該是因為有人向他提起了民事訴訟，他雖然有收到開庭通知但拒絕收信，法院就以寄存送達的方式將開庭通知寄給他。但阿彬選擇不去開庭，因此法院就直接以原告的意見下了判決（**一造辯論判決**），判決結果當然不會好囉。之後判決寄給阿彬，阿彬也沒有去警察機關取信，也沒有上訴，最後判決確定了，債權人拿判決去做強制執行，房子就被查封等著拍賣了。

至於開頭新聞那名因未繳違規罰單1.8萬元而祖厝被法拍的基隆陳姓男子，則是罰單來了不繳、催繳通知不理、執行公文也不看，名下又沒其他財產，最後政府也只好祭出查封不動產的手段。

所以，若是隨便亂將法院來信拒收、退信，後果可大可小，但通常都不會太好就是了……

律師或其他債權人寄來的信可以不收嗎？

雖然法院有很多種手段可以「送達」，但律師或一般債權人都沒辦法使用，所以這是不是代表其他不是國家寄來的來信都可以不收？

實務上早就出現過這樣的問題，就有判決認為，如果無故不收信，刻意阻擾他人權利行使的話，就會當作收信人已經收到那封信了，可能因此影響利息的計算（譬如欠錢的催告）。但不收私人或律師的信件會有罰則嗎？會直接被判敗訴嗎？ㄜ～不會！但身為執業律師，還是要懇請各位大大不要隨便拒收律師信啦～

63 違約金也能打折？上法院喊價的功夫你學會了嗎？

二〇二〇年時，臺北市的大巨蛋從原本幾年前人人喊拆到即將完工，市府團隊面對眾人的質疑所作出的說明是，大巨蛋如果解約恐導致市府需賠償300億的違約金！

「wow～」我想多數人聽到這新聞時，大概都會感到心理有點毛毛的，為什麼違約金可以高的這麼嚇人！違約金到底是什麼？難道跟人簽約時看到了「萬」來「億」去的違約金都只能認栽嗎？

不是喔，實務上的違約金很常是被打骨折價的，比得是看誰懂得討好法官！

當契約出現一方違約，走到求償（請求損害賠償）的階段，常面臨的困難是「損害」該怎麼舉證？有沒有損害、損害多高，對於契約中吃虧的一方往往是非常難舉證的，因此有了「違約金」的制度。

為了避免對方違約後還講一堆五四三的話，所以許多人開始直接在契約中明訂「一旦違約須負×××元的違約金」，來省去求償階段一堆麻煩的舉證，這就是違約金的由來。除了省去求償的麻煩外，也間接降低了人們悔約的機率。

但約定簽字了是一回事，金額太過不合理的話，法官可是有介入的權限阿～法律上是直接提到：針對「過高」的違約金，法官可以**「酌減」**。那「過高」誰說了算？當然還是法官阿！所以討好法官很重要囉？討好這詞太多遐想啦，重點還是要放在如何引出數據或理由來說服法官，或者搏得法官的同情囉。

你說不能罰就不罰呀？我偏要罰！

因為違約金是雙方先說好違約時要賠償的金額，既然是有需要共識的東西，當然必須透過「契約」產生，所以說契約中沒有任何**「違約金條款」**，違約時也就不會有違約金的問題。

成立「契約」可以是透過**「口頭」**（譬如街上買菜、便利商店買飲料），也可以是**「書面」**（就是一般的簽約），但一般來說，違約金只會發生在**「書面」**的契約當中，因為我想應該不會有人在買菜時加一句：「如果blablabla，你要賠我多少違約金」吧？就算有，你也很難證明到底對方是同意約定違約金呢，還是只把你當成神經病隨便哄一下？

有錢人新思維：把違約當成一門生意，你就會發現新藍海！

既然可以透過在契約中訂入「違約金條款」來避免求償的困難，所有聰明的業者當然知道該怎麼做，只要在契約中加入「高額」的「違約金」，就可以確保顧客不會違約或解約跑走啦！甚至對方違約時，還能獲取更多的利益呢！就像銀行總是希望我們不按時繳卡費，這樣他光收取循環利息跟違約金就賺飽飽了。

於是市面上開始出現很多「天價」的違約金條款，反正契約往往就是業者自己先訂好的**（定型化契**

約），從日常生活中的健身房契約、電信契約，到契約價格上億的工程契約，往往都充斥著非常不合理的違約金條款，讓簽個契約也可以危機四伏。

法院說了算喔？告訴你喊價通常怎麼喊

為了避免天價的違約金條款，讓人一個不小心被直接被罰到破產，所以民法規定了，法官針對過高的違約金，可以直接做酌減[1]。你可能會好奇：「法官通常會願意酌減多少？」雖然對於這個問題，沒有法官願意把話講死，都只說會依照個案參考許多因素，法官在審酌違約金是不是過高時，常在判決中交待會依照「違約金跟實際損害是否懸殊、客觀事實、社會經濟狀況、**當事人所受損害情形、債權人可得享受的利益**」做為斟酌之標準，這也是個案中喊價的基礎喔。

最常見可以讓法院願意酌減違約金的理由，就是針對債權人的損害來做認定，舉例來說：二手車的買賣中，賣家阿明約定買家如果遲付尾款就要負擔10萬的違約金，假設買家小美真的不小心遲個1天付款，賣家阿明立馬提告求償10萬的違約金，難道小美只能認栽？

這時小美可以設法舉證說明賣家身為二手車行，一般在面臨遲延給付價金時，通常只會發生多少錢的損害，譬如汽車額外保養費用、保管費用等，加起來不過幾百了不起幾千塊，對方卻約定10萬的違約金，顯然與賣家的實際損害並不相當，這時候就很可能會讓法院願意予以違約金酌減。

曾有學者做過研究，以大數據來說，法官在工程案件中針對違約金酌減的主張，**平均大約會酌減**

40％左右，幾乎是打了骨折的6折！以我自己經手過的其他一般案件來說，確實也是滿接近這數字的。

那你可能以為，有法院幫你罩著，以後違約金條款就當做沒看到就好了？母湯喔！因為違約金酌減固然很強大，但要做這個主張必然是上了法院才有辦法由法官來認定，不是今天債務人一個不開心喊：**「酌減」**！違約金就自動降低的，換句話說，一旦有了違約金條款，還是需要雙方要去論述為什麼債權人的實際受害沒那麼高、或是由債務人負擔並不公平等等。

而且上法院還會花很多時間跟成本，譬如律師費、訴訟費，如果讓你覺得不合理的違約金，例如標的只是個幾千幾萬塊，縱使可以酌減30％、40％，怎麼減都不划算啊！還是好好在簽合約之前張大眼睛比較好啦～

1 民法第252條（違約金額過高之酌減）：「約定之違約金額過高者，法院得減至相當之數額。」

64 那些不繳管理費的，其實可以叫他從社區滾出去了～

管委會除了可以對住戶強制執行，全體住戶也可以透過決議強制欠費大戶滾出社區喔！

老一輩常說：「千金買厝，萬金買鄰」，跟鄰居失和鬧僵是真的很煩阿，偏偏涉及錢的事情大家都格外的難相處，實務上大樓管委會跟同公寓的住戶們最常起爭執的事，莫過於管理費的問題了。

幾年前，台中有位大樓的管委會主委，為了阻止沒繳管理費的住戶進入大樓，除了把欠費住戶的感應磁扣消磁外，還在他進入大門時直接把他推出去，而遭到法院判刑！這樣就判刑？難道說不繳管理費的人可以為所欲為、不受處罰嗎？

其實，如果一直不繳管理費的話，管委會是可以把住戶告到法院去的，在比較嚴重的情況下，**甚至可以強制住戶遷離，要求他轉讓房子、滾出社區！**

管理費誰說了算？

公寓大廈的管理費是由區分所有權人會議，簡稱**「區權會」**來決定的；為了讓大樓有良好的生活品質，區分所有權人們可以召開區權會來決定大樓中的各項規範，例如：管理委員會該怎麼運作、可不可以飼養寵物、大樓外觀的顏色限制或可否裝鐵窗等等，而管理費該繳6百元還是1千元？該用現金繳到管委會辦公室或是轉帳到某個戶頭裡？也是經常有的規定。這些規定會形成社區的**「規約」**，就好像是專屬於這個社區的法律一樣，每個住戶都要遵守，才能維護一個舒適的生活環境。

除了規約以外，區權會也可以用**「決議」**的方式直接決定管理費，也就是說，雖然不一定會寫進規約，但一樣會公告給各個住戶知道。不管是規約或決議，都是需要經過區權會同意的，所以當我們覺得管理費應該減少時，就可以在區權會提議修改，**這比直接跑去找管委會主委理論還有用哦！**

管委會有權說漲就漲嗎？

原則上，透過區權會同意的規約跟決議，才能決定管理費，管委會是不能夠隨便亂來的。但是，因為開區權會取得同意不容易，為了保持大廈的彈性運作，部分的大廈會用規約或區權會決議**「授權」給管委會**自行決定管理費，這時候管委會就可以調漲價錢，而不需要再經過區權會啦！

所以，如果不想被管委會突襲，就要隨時密切注意區權會跟管委會的動態，小心不要錯過開會通知或重要訊息囉！

不繳錢的住戶，管委會可以直接硬來嗎？

為了給這些住戶們一些警訊，有的管委會會罰錢，激烈一點的，就像開頭提到發生在台中的案子，直接把磁扣消磁，不讓住戶進入大樓。然而，管委會真的可以這麼做嗎？

把磁扣消磁、禁止住戶進入大樓或搭電梯、把違規停車的車輛用大鎖鎖住……等行為，因為會直接**限制住戶**的行動自由，很可能會被法院判處刑法上的**「強制罪」**[1]，所以管委會最好還是不要使用這種方法來跟住戶硬槓，否則可能反遭判刑，得不償失。

那罰錢呢？可以用規約或區權會決議的方式來規定欠繳管理費時的「罰則」嗎？這部分法律沒有規定，似乎就回到**契約自由和團體自治**的原則。

但實際上，法院目前還沒有統一的見解，有的認為罰錢應該要每一位區權人都同意才行、有的認為只須多數決、還有的認為無論多少人同意都完全不能罰錢！畢竟法律沒寫死，這時就很看個案審理的法官心證如何了！

雖然未必能懲罰，但可以叫他滾！

不繳管理費的理由一大堆，像是覺得管委會做得很爛、收費太高不合理、收了錢卻沒做什麼事、有問題還要自費、甚至是沒錢繳等等，以為不會被罰就拒繳管理費的人多得是！

一直不繳管理費，就如同「欠錢不還」雖然不會有刑事責任（單純民事債權債務糾紛），但這不代表管委會沒有其他手段來催繳。

當住戶欠繳管理費或其他應負擔的費用**超過2期**時，管委會就可以發出**存證信函**，要求住戶在一定的期限內繳清，如仍然不繳清，**便可向法院提告並強制執行！**

最激烈的方式是，強制執行後又欠繳，而且拖欠到**房子價金的百分之一**時，管委會可以先給他3個月時間清償，倘若不清償，就可以召開區權會決議是否請法院**「強制遷離」**，把**房子法拍**後拿來抵繳管理費。

但這種情形實務上非常少見，全台灣歷年來的判決不超過10件，因為法條規定很嚴格，區權會也要花很多時間來跑前置的程序才有辦法實現，時間一拖久了，有些管委會改選完本來喊要告的可能變成不告，也因此想電電欠費大戶，社區住戶還是務必團結一點，必要時找個法律顧問即時追討、警告，才是上上策。

1 刑法第304條第1項：「以強暴、脅迫使人行無義務之事或妨害人行使權利者，處三年以下有期徒刑、拘役或九千元以下罰金。」

65 沒強制險的駕駛也算是馬路三寶吧！法律真的拿他們沒轍嗎？

強制險過期未保除了有罰鍰以外，肇事了還會被沒收牌照哦！

這個法案和故事大家應該都聽過，民國七十八年，就讀東海大學企管研究所的柯同學騎機車行經產業道路時，遭違規駛入的聯結車追撞身亡。柯媽媽（不是台北市長的媽媽）趕至派出所與司機以及運輸公司談判，沒想到對方卻說：「10個8個都在壓了，幹！壓死一個算什麼！……」、「30萬要不要拿？不然就去告！妳去告也是拿雞蛋碰石頭而已，全台灣有勢力的，包括我不會超過5個！」讓她發現**「台灣根本沒有公路正義可言」**。

當時保險的觀念還不夠盛行，更不用說願意投保**「賠對方」的責任險**了，無保險就上路的車滿街都是，這等於是說用路人必須自己先保上意外險，不然出事了就只能與對方對簿公堂才能獲得補償。

所幸柯媽媽遇到這樣的狀況並沒有絕望，反而更加堅信需要強化台灣的用路安全，小學畢業的她買了字典、六法全書，花了大半輩子的時間奔走、串聯、抗議、遊說，終於迫使國會訂立這部**「汽車強制責任保險法」**，讓每個駕駛都有責任替道路上其他用路人的人身安全負起責任。

強制汽車責任險能發揮什麼功用？

所謂的「責任險」，就是在當我們出事了、需要對別人負擔賠償責任時，讓保險公司**替我們給付理賠金**的險種。

有些人沒有儲蓄習慣或是本身自顧不暇，一旦發生重大事故需要賠償時，往往擠不出一點錢，這個時候人肉鹹鹹，結果就是被害者得不到賠償，加害者入監服刑，講白了就是雙輸的局面。然而商業保險沒有強制性，要保不保隨便你，如此一來，在路上被撞能不能得到賠償，簡直就跟擲筊一樣，一切都看自己夠不夠運氣！

所以，柯媽媽催生的強制汽車責任險，就是一種**強制性**的政策保險，**保費**、**承保範圍全部由政府立法幫你決定**，車主沒有保險就不給牌照、保險公司不能拒絕承保，且雙方都不能隨便解約！如此一來才能真正給所有用路人最基本的保障。

哪些人需要投保強制險？沒保會怎樣？

強制險所針對的汽車，是指不依軌道行走、具備動力或傳動系統的交通工具，包含汽車、機車、工程機具、電動車等等，但要注意，**不包括電動輪椅**、**醫療代步車**、**電動自行車**，以及**時速25公里以下**的其他動力車輛或器具。

原則上，車輛的所有人都必須投保，但即使不是所有人，在特殊情況下也有投保的義務，比如使用無牌照車輛的人、使用所有人不明車輛的人，或是把別人的車偷走或佔用的人。在這些情況下，國家沒辦法靠牌照要求由誰來繳保費，那就會改命**使用的人或管理的人**來投保。

但由於強制險理賠對象是被害人，這可能使某些自私的車主不願意花錢投保，因此強制汽車保險法規定，**不投保，或是保險期間不滿30天，公路機關可以拒絕發給或換發牌照**，因此沒有強制險的車輛，顯然已經被法律視為一種禁止上路的三寶！

如果在未投保強制險的情況下上路被查驗時，汽車會被開罰3千元～1萬5千元的罰鍰，機車則是1千5百元～3千元的罰鍰。如果還肇事的話，會開罰2倍的罰鍰！並且扣留車輛牌照直到投保為止。

肇事者沒有保險，爛命一條我拿他沒轍嗎？

雖然不投保或未續保會有裁罰，但在政府機關裁罰之前，仍有可能使一般人曝露在被沒有投保的車輛撞傷的風險，這時候難道就一點辦法也沒有嗎？

當然不是！強制汽車責任保險法特別立了**「汽車交通事故特別補償基金」**，一旦找不到事故車（逃逸）、事故汽車未保險、或未經被保險人同意而被使用或管理（如贓車）等，都可以先向**「財團法人汽車交通事故特別補償基金」**請求補償。

而且補償基金給付的額度也完全跟強制險相同，也就是說在受傷的情況下，以**最高20萬**的額度內賠償急救、診療、接送、看護等費用；如果造成殘廢，最高可以給付200萬、如果不幸死亡，則是最高給付**220萬**！

所以說，下回萬一不幸發生車禍時，可別真的以為對方沒有投保強制險就真的拿不到賠償了！而大家也不必擔心補償基金會因為這樣的情況被提領一空，因為補償基金在賠償被害人之後，是可以轉而向加害人請求賠償的哦！

66 有保險不怕！大媽都說車禍時保險公司比政府還可靠～

大媽的話通常要反過來解讀，實務上很多人都是因為太相信保險公司，搞到自己被判刑的喔～

曾經登上阿帕契直升機的藝人李蒨蓉，在引發喧然大波後不久竟然又因為恍神，在北市信義區違規駕車撞傷古姓身障騎士，**並被依過失傷害起訴**。

雖然李蒨蓉不是大媽，但好在她也深知保險的好處，於是透過法院與對方進行調解時，就找了自己的保險公司來，一方面可以讓以前支付的保費有點回報，另一方面也想用賠償來息事寧人。

沒想到，古男竟要求賠償150萬元，但因李蒨蓉的保險公司只願意理賠30萬元，雙方金額差距過大，導致調解破局，這等於宣告李蒨蓉的如意算盤被保險公司的斤斤計較給打亂了，一審也被判決拘役40天！所幸二審上訴後，雙方最終達成71萬合意，也才終於獲得2年緩刑。

對現代人來說，保險幾乎可以說是最貼近日常生活的金融產品，依據行政院的統計，二〇一八年平均每人保費達15萬元，位居全球第一，可以說是台灣人對保險普遍都很鍾愛的鐵證。

但也因為台灣人支出很多金額在保費上，發生意外時往往「有恃無恐」，認為保險公司會替自己擺平賠償責任，沒有認知到保險並不是萬能的，甚至在調解庭也都委由保險公司出面談判，或多或少給了被害人

「誠意不足」的感受，以李倩蓉為例，即便有保險公司參與調解，只要對方不接受，**調解破局**，依舊是要負擔刑事責任的哦！

保險的作用是什麼？

保險的目的，就是一群人共同投入資金，事先把未來可能的風險先攤提，等到發生保險事故時，再由保險公司依照投保金額以及事故的狀況，給付理賠金給被保險人。

因此，我們要意識到一個觀念，保險的作用在於**「填補損害」**，而不是使被保險人**「意外得利」**，不論是自己房子燒掉了，或是車子撞到別人，保險都只能在經濟上填補損失，也就是說，保險說穿了只是一個小金庫，發生事情的時候只能在民事上代替被保險人善後賠償責任的功用，所以絕對不是萬能的！

發生車禍時，保險公司扮演什麼角色？

當發生車禍時，可能有幾種保險的保險公司需要立馬動起來，包括**傷害險**、**第三人責任險**、**汽機車產險**，以及人人應該都要有的**汽機車強制責任險**。

這當中，除了傷害保險和汽機車產險是用來填補自己因為住院、車輛毀損的損失以外，第三人責任險和汽機車強制險都是為了替自己減少或免除民事賠償責任用的，因此就會涉及到跟對方協調、確認賠償金額的問題。

也因為保險公司是付錢的一方，為了避免車禍當事人胡亂和解造成保險公司需要賠償不合理的金額，保險公司通常會約定，如果和解及調解的過程，**保險公司沒有參與的話，保險公司是不受車禍當事人之間約定的拘束**；也就是說假設車禍雙方同意150萬元和解，但保險公司不在場同意的話，保險公司還是可以依照內部審核標準來決定賠償金額的哦！

為什麼有保險還是可能得坐牢？

前面有提過，**保險只能處理民事賠償，而不能免除刑責**，所以很多人在車禍後，可以透過保險公司向對方理賠而免除牢獄之災，都是因為雙方有和解、調解的意願，並且保險公司也同意照價賠償。

但事實上，保險公司為了保護其他被保險人的利益，勢必會嚴格審查理賠金額，甚至盡量壓低理賠金，因此如果保險公司不接受對方條件，肇事者自己又不願多掏錢出來賠償時，車禍當事人之間的和解、調解就非常有可能破局。

一旦破局了，檢察官考量被害人的損害沒有被填補，而傷害也確實造成，就非常有可能直接起訴**（過失傷害罪）**，而使車禍的當事人面臨罰金或徒刑的刑責哦！

國家圖書館出版品預行編目(CIP)資料

你知道的太多了：欠錢可以不還、年金可以不繳、法庭可以喊價、和解可以再告、借名可以侵占、勞保可以害人-這是什麼荒謬劇?!不~這是我們的法律!/施宇宸著.
-- 初版. -- 臺北市：獨売出版, 2021.11
面； 公分. -- (貓奴律師開外掛；1)
ISBN 978-986-06418-1-3(平裝)

1.法律 2.通俗作品

580 110018645

獨売出版
MAXWiN

貓奴律師開外掛01

你知道的太多了

欠錢可以不還、年金可以不繳、法庭可以喊價、和解可以再告、借名可以侵占、勞保可以害人——這是什麼荒謬劇？！不~這是我們的法律！

作　　者——**貓奴律師 施宇宸**

總　　監——馮淑婉
責任主編——熊愛玲
編輯協力——Selena、徐以富、陳安儀
出版發行——獨売出版
台北市大安區安和路二段7號8樓之一
電話◎(02)8522-5822 傳真◎(02)8521-1311
Email：win66@win-wind.com.tw

封面設計——LU
內頁插圖——黃品瑄、無料人
內頁原創——Eason
內頁排版——立全電腦印前排版有限公司

初版1刷日期——2021年11月10日
初版11刷日期——2023年9月28日
法律顧問——永然聯合法律事務所

ISBN◎978-986-06418-1-3 (平裝)

趨勢 **趨勢文化出版集團**
Printed in Taiwan
本書定價◎330元
WZA8001
時報總經銷